Jornada de Fe

CATECUMENA

Los sacramentos: introducción

"Hoy vamos a conversar sobre el amor", anunció la señora Evans.

Terrence y Tomás se miraron el uno al otro y pusieron los ojos en blanco. "¿Qué tiene que ver el amor con ser católico? ¡Yo no sabía que, para ser católico, había que estar enamorado!"

La señora Evans se rió. "No se trata del amor romántico. Hoy vamos a hablar del amor de Dios. Dios nos ama muchísimo a todos nosotros. Tanto que hasta murió por nosotros".

NIÑOS

CIC 1084, 1087, 1113–34, 1210–12, 1420–21, 1533–35

¿Cómo manifiesta Dios su amor por ti?

¿Cuántas formas hay de decir "Te amo"?

Tu abuelita va a venir a visitarlos. Hace mucho que no la ves. Cuando la recibas a la puerta, ¿cómo le dirás "Te amo, Abue"?

Puedes decir "Te amo" con un abrazo.

Tu mejor amigo(a) está enfermo(a) en cama. Le extrañas mucho y sabes que también te extraña a ti. ¿Cómo le dirás "Te quiero" a tu mejor amigo(a)?

Puedes decir "Te quiero" con una tarjeta o una visita.

Es el cumpleaños de tu mamá. Quieres darle algo, pero no tienes dinero. ¿Cómo le dirás, "Te amo, mami"?

Puedes decirle "Te amo" ayudándola con las labores de la casa.

Tu padre llega muy cansado a casa. Quieres mostrarle amor y aliviar su cansancio. ¿Cómo le dirás "Te amo"?

Lo mejor de todo es decirle simplemente, "¡Te amo, papá!"

¿Cómo dice Jesús "Te amo"?

Jesús dijo a la gente "Te amo" de muchas maneras diferentes. En la Biblia podemos leer acerca del amor de Jesús.

Jesús cura al leproso

Un día, Jesús iba caminando con una muchedumbre. Un hombre que padecía de lepra le dijo, "Señor, si quieres puedes limpiarme". Jesús lo tocó y le dijo, "Quiero, queda limpio". El hombre quedó curado inmediatamente.

Adaptado de Mateo 8:1–3

¿Cómo dijo Jesús "Te amo"?

Jesús alimenta a la multitud

Jesús estaba hablando a una multitud de cinco mil personas. Era tarde y la gente estaba hambrienta. Los discípulos dijeron, "Despídelos para que busquen algo de comer". Pero Jesús dijo, "Aliméntenlos ustedes". Ellos solo tenían dos peces y cinco panes, con lo que no podían alimentarlos a todos. Jesús les dijo entonces, "Díganles que se sienten en grupos de cincuenta". Jesús miró al cielo y bendijo y partió el alimento. Los discípulos tomaron los pedazos de pescado y de pan y alimentaron a toda la gente. Y todavía sobró comida.

Adaptado de Lucas 9:12–17

¿Cómo dijo Jesús "Te amo"?

El sacramento del Bautismo

"¿Por qué no puede la gente bautizarse sin que lo empapen de agua?" preguntó Tanya a Terrence en voz muy baja.

La señora Evans les oyó y dijo, "¡Esa es una pregunta muy buena! El agua es un importante signo del bautismo. ¿De qué creen ustedes que es específicamente el agua un signo?"

CIC 1213–84

¿Por qué creen ustedes que el agua es tan importante para el bautismo?

Juan el Bautista: el elegido de Dios

Juan el Bautista era una persona fuera de lo común. Vestía ropas hechas de pelo de camello. Comía saltamontes y miel. Vivía solo en el desierto, lejos de villas y pueblos. La gente de muchas millas a la redonda iba a escucharle hablar. Él le decía a la gente que recurrieran a Dios y comenzaran una nueva vida. Después las bautizaba en la agua del río Jordán. Es por eso que le llamaban Juan "el Bautista". Bautizar a la gente con agua simbolizaba que sus pecados eran removidos con ella.

Dios escogió a Juan para otra tarea aún más importante que esa. Juan debía anunciar a todos que Jesús iba a venir. Juan decía,

> *"Yo os bautizo en agua para conversión; pero aquel que viene detrás de mí es más fuerte que yo" (Mateo 3:11; ver también Lucas 3:16 y Marcos 1:7–8).*

Jesús es "aquel que venía" y era más fuerte que Juan, y hoy Jesús sigue bautizando a cada nuevo cristiano con el Espíritu Santo.

Comienza tu nueva vida

El primer sacramento que recibes al convertirte en católico es el Bautismo. Cuando eres bautizado renaces en la familia de Jesús. En tu nueva vida Jesús te conduce y guía por su camino de amor. En tu nueva vida, vives para Dios, tal como hizo Jesús cuando estuvo en el mundo.

Integración a la familia de Dios

Tú perteneces a la familia de Dios desde el mismo momento en que eres bautizado. Esta familia está formada por todas las personas que rezan contigo en la iglesia y que le rezan a Jesús en todo el mundo. ¡Es una familia muy grande!

Al igual que sucede en tu familia en tu hogar, el ser miembro de la familia de Dios significa compartir con ella ciertas responsabilidades. En casa tienes quehaceres, ayudar en diferentes cosas y obedecer las reglas establecidas por tus padres. Pasa lo mismo con la familia de Dios. Tú tienes que servir a otros, ayudar a los necesitados y obedecer los mandamientos de Dios.

¿Cómo se desarrolla un bautizo?

En el bautizo, el sacerdote o diácono derrama agua en tu cabeza o sumerge tu cabeza en la pila bautismal o piscina. El **agua** es un signo de que todos tus pecados están siendo arrastrados mediante el bautismo. Te conviertes en una nueva persona, fresca y limpia —como ropa acabada de sacar de la lavadora.

El agua también hace que las cosas crezcan. Los agricultores dependen del agua para producir sus cosechas. Las flores, la hierba y los árboles no podrían vivir sin agua —como tampoco podrían vivir ni los animales ni las personas. Cuando te bautizas, el agua bendita te ayuda a crecer en el amor y en tu nueva vida con Dios.

CATECUMENADO C4

El sacramento de la Confirmación

Lisa y Tomás se quedaron después de clases para ayudar a limpiar el aula. "Mi primo dice que una vez que uno se confirma ya no tiene que volver a la iglesia, pero eso me parece una estupidez. ¿Para qué confirmarse si después te vas a perder de la iglesia?" dijo Tomás.

Lisa meneó la cabeza a uno y otro lado, "Mi tía dijo que cuando te confirmas es cuando empiezas a hacer cosas interesantes en la iglesia porque te da más responsabilidad".

Tomás arrugó la frente, "Bueno, ¿y entonces qué significa confirmarse?"

NIÑOS

CIC 1285–1321

Crecer en la fe

Es cuando ingresas en la familia de Dios con el bautismo que, por primera vez, recibes el Espíritu Santo. En tu confirmación recibes el poder de salir al mundo a hacer buenas obras por Dios y a hablar a otros sobre el amor de Dios. Confirmarse es como crecer en la fe.

No se crece de una vez y de repente. Son muchas las cosas que puedes hacer este año y no podías hacer el año pasado. Todos los días uno aprende cosas nuevas, crece y cambia.

Menciona tres cosas que puedes hacer este y no podías hacer el año pasado.

1. ______________________________

____

2. ______________________________

____

3. ______________________________

____

Antes de que Jesús ascendiera al cielo, él prometió a todos sus discípulos que ellos recibirían del Espíritu Santo el poder para salir al mundo y contar a todos sobre él. Jesús cumplió su promesa. Cuando todos los discípulos estaban reunidos en una habitación, sucedió algo maravilloso. Oyeron un ruido como el del viento invadiendo toda la casa. Después, aparecieron lenguas de fuego sobre sus cabezas. Se llenaron del Espíritu Santo y comenzaron a hablar sobre Jesús y el amor de Dios. Salieron inmediatamente y empezaron a predicar la buena nueva por todas partes.

Adaptado de Hechos 1:8

Al comenzar tu nueva vida impregnada del Espíritu Santo, aprenderás muchas cosas. También tú te volverás más fuerte y valeroso. Con la confirmación, el Espíritu Santo te da la fuerza y el valor para hacer frente a tus responsabilidades como hijo de Dios. Aprenderás a usar tus dones, talentos y capacidades especiales para ayudar a la Iglesia en el mundo.

¿Cómo puedes tú, en estos precisos momentos, ayudar a otros?

¿Cómo se desarrolla la ceremonia de la Confirmación?

La confirmación tiene dos símbolos muy importantes: la unción y la imposición de las manos.

La **imposición de las manos** es un signo de que el Espíritu Santo ha sido invitado a habitar en ti. ¿Recuerda cómo Jesús sanaba a la gente tocándola? De esa misma forma, cuando te toca el ministro del sacramento se te concede el don del Espíritu Santo.

Entonces se te **unge** con un aceite especial que ha sido bendecido por un obispo. El ministro del sacramento lo usará para hacer con él el signo de la cruz en tu frente y dirá, "Recibe por esta señal el don del Espíritu Santo". Tú dirás entonces "Amén". Amén significa "¡Así sea!", "¡Sí!" o "¡Correcto!".

El sacramento de la Eucaristía

"La Eucaristía puede resultar un misterio difícil de comprender", dijo la señora Evans. "Algunas personas creen que el pan y el vino son solo símbolos. O que el pan y el vino no siguen siendo el Cuerpo y la Sangre después de la comunión. Como católicos, nosotros creemos que el pan y el vino se convierten realmente en el Cuerpo y la Sangre de Cristo".

"¿Pero a qué saben?" preguntó Tanya.

"¿Por qué Jesús no buscó otra forma de unirnos a él?" se preguntó Terrence.

La señora Evans dijo, "El pan y el vino siguen teniendo el mismo sabor aunque han sido transformados. Jesús tuvo sus razones para que nos uniésemos a él de esta forma. Vamos a leer sobre eso en la Escritura".

¿Qué preguntas tienes acerca de la Eucaristía?

La Última Cena de Jesús (adaptada de Mateo 26:26–29)

Jesús estaba cenando con sus amigos más íntimos. Estaba sentado cerca de Pedro, Santiago y Juan. Al estar todos reunidos a la mesa, Jesús les habló de muchas cosas. Jesús les habló a sus amigos acerca de un amor que no termina nunca. "Todos ustedes son mis amigos", dijo.

Entonces partió y repartió el pan. "Este es mi cuerpo", dijo Jesús. "Será entregado por ustedes, para que ustedes tengan vida". Después llenó una copa y dijo, "Esta es mi sangre derramada. Mi propia vida será el mejor regalo que pueda darles".

Eso entristeció a sus amigos pero él les dijo que estuvieran contentos. Dios lo había planeado así. "Yo volveré de nuevo y entonces ustedes sabrán que el Hijo de Dios ha venido para quedarse en el mundo".

Nosotros llamamos Última Cena a este relato histórico y bíblico porque fue la última comida que Jesús compartió antes de su crucifixión mas, mediante el poder de Dios y la acción del Espíritu Santo, nosotros celebramos la Última Cena de Jesús en cada misa. La llamamos **Eucaristía** y es un alimento sagrado con el que nos unimos a Jesús y a toda la Iglesia.

Compartir una cena especial

Cuando las personas se reúnen para compartir una comida, están aprovechando una ocasión para conocerse mejor y demostrarse afecto. En la cena, la familia se cuenta cómo han pasado el día. Cuando nos visitan amigos que viven lejos, les invitamos a comer. Para celebrar un día de fiesta, los parientes nos reunimos para una comida especial.

Enumera tres ocasiones en las que tú y tu familia o amigos comparten una cena. Explica después en una o dos oraciones por qué es especial esa cena.

1. ______________________________

____

____

2. ______________________________

____

____

3. ______________________________

____

____

La Real Presencia de Cristo

Con el sacramento de la Eucaristía recibirás el cuerpo y la sangre de Cristo —al igual que sus discípulos en la Última Cena. Nosotros sabemos que Jesús está realmente presente en la forma de pan y vino porque Jesús les dijo a sus discípulos, "Este es mi cuerpo". Él no les dijo, "Este es un símbolo de mi cuerpo", ni "Este es, a la vez, mi cuerpo y mi sangre y pan y vino". El pan y el vino se convierten realmente en el cuerpo y la sangre de Cristo.

El sacramento de la Penitencia y Reconciliación

Terrence y Tomás eran muy amigos. Jugaban *basketball* juntos y juntos salían a montar sus bicis. Habían hasta construido un fuerte secreto en el patio trasero de la casa de Tomás. Pero un día pelearon. Terrence estaba enojado, así que lanzó la pelota de Tomás al patio de los vecinos y el perro de ellos destrozó la pelota a mordidas.

Tomás se puso muy molesto y le dijo a Terrence que nunca más iba a jugar con él.

Ahora Terrence y Tomás ni siquiera se hablan. Terrence extraña a su amigo y se siente triste y solo. Tomás también está triste. A Terrence su mamá le dijo que debía pedir perdón a Tomás, pero a Terrence le preocupa que Tomás no le perdone jamás.

CIC 1420–98

Si tú fueras Terrence, ¿qué harías?

Si tú fueras Tomas, ¿qué harías?

La amistad con Dios y con los demás

Es muy triste que con nuestras acciones lastimemos a nuestros amigos. La amistad es importante. Cuando estamos solos o tristes, felices o entusiasmados, es bueno tener un amigo al que acudir. Es por eso que Jesús nos dice que nos amemos los unos a los otros. Él sabe que el secreto de la felicidad está en mantener amistades muy fuertes. Eso lo logramos si pedimos perdón y perdonamos cuando sucede algo malo.

Dios es el mejor amigo que tenemos. Dios no nos abandonará jamás. El secreto de la amistad de Dios es su capacidad de perdón.

He aquí una historia que Jesús contó acerca de cómo perdona Dios.

El hermano que abandonó el hogar

Había una vez un hermano que quería vivir solo. Le pidió a su padre su parte del dinero de la familia y se fue de su hogar.

Viajó muchísimo. Hacía solo lo que quería hacer. Hizo un montón de amigos que le enseñaron nuevas formas de gastar su dinero. Pero el dinero no duró para siempre y un día descubrió que ya lo había gastado todo. No le quedaba nada. Acudió a sus amigos en busca de ayuda pero todos lo habían abandonado.

Entonces pensó en su padre y en su hermano mayor. Era hora de volver a casa. "Le diré a mi padre que estoy realmente arrepentido y le preguntaré si puedo dormir en su granero. Cuidaré sus ovejas y haré todo lo que me pida si tan solo me admite de regreso", pensó.

Cuando el padre lo vio a lo lejos, corrió para recibirlo con los brazos abiertos. "Llamaré a mis amigos", dijo. "Haremos una fiesta porque mi hijo estaba perdido y ahora está de nuevo en casa".

Adaptado de Lucas 15:11–24

Jesús contó esta historia para enseñarnos que aunque nos alejemos de Dios, nuestro bondadoso Padres volverá hasta que decidamos volver a él.

¿De cuántas formas se puede pedir perdón?

CATECUMENADO C7

El sacramento de la Unción de los Enfermos

"¿Alguien tiene alguna intención especial?" preguntó la señora Evans.

Lisa levantó la mano, "Por mi abuelita. Ha estado muy enferma. Ayer fue a casa un sacerdote para decir unas oraciones y ponerle aceite en las manos".

"A eso se le llama unción de los enfermos", dijo la señora Evans. "Eso significa que el Espíritu Santo, le dio a tu abuelita, por medio del sacerdote, una gracia especial para ayudarla en su enfermedad".

NIÑOS

CIC 1499–1532

¿Conoces a alguien que está enfermo y necesita oraciones especiales?

Jesús sana con su amor

Un día, Jesús estaba predicando en una casa en Capernaún. Eran tantas las personas que vinieron a escucharle que la casa estaba repleta. Entonces llegaron hasta la puerta de la casa cuatro hombres que llevaban a un amigo suyo en una camilla. El hombre era un paralítico. Los hombres querían que Jesús curara a su amigo pero no podían entrar, así que se treparon al techo, quitaron una parte de él y por ahí bajaron a su amigo hasta donde estaba Jesús. Jesús miró al hombre y dijo, "Tus pecados han sido perdonados". Y entonces el hombre se levantó, recogió su camilla y se fue caminando. Todos los presentes quedaron asombrados y maravillados y alabaron a Jesús.

Adaptado de Marcos 2:1–12

Los cuatro pasos de la sanación

El sacramento de la **Unción de los Enfermos** es la forma que tiene Dios para sanar a las personas con el mismo contacto amoroso que Jesús utilizó cuando, estando en la tierra, sanó a la gente.

PASO 1

Alguien lee de la Biblia cómo Jesús sanó a los enfermos y ayudó a quienes habían pecado. Mientras escuchamos, recordamos que Jesús puede sanar nuestros cuerpos y nuestras almas.

PASO 2

El sacerdote pone sus manos en la cabeza de la persona que recibe el sacramento. Él invita al Espíritu Santo a que entre al corazón de la persona. Recordamos que Jesús siempre rezó y tocó a las personas a las que sanaba.

PASO 3

El sacerdote bendice con una oración el santo óleo. El **santo óleo** prepara a la persona enferma para recibir el Espíritu Santo. Nosotros también somos ungidos con el óleo en nuestro bautiza y en la confirmación.

PASO 4

El sacerdote hace el signo de la cruz en la frente de la persona a la que está ungiendo. Recordamos que Jesús sufrió en la cruz. El sacerdote también unge las manos del enfermo. Nosotros recordamos que nuestras manos hacen el trabajo de Jesús en la tierra.

El sacramento del Matrimonio

"Hoy vamos a hablar del matrimonio sacramental", dijo la señora Evans. "¡Por eso he traído al señor Evans conmigo para que me ayude!"

A los niños les entusiasmó tener un visitante y enterarse de cómo es la vida de la señora y el señor Evans cuando ella no está dándoles clases.

"¿Por qué ustedes se decidieron a casarse?" preguntó Lisa.

"¿Hay alguna diferencia entre el matrimonio católico y otros tipos de matrimonio?" preguntó Terrence.

"¿Ustedes tuvieron una gran fiesta con las familias de los dos?" quiso saber Tomás.

CIC 1533–35, 1601–66

¿Qué preguntas tienes tú sobre el matrimonio como sacramento?

Dos se convierten en uno y en más

El matrimonio comienza con dos personas que se enamoran. Un hombre y una mujer. Esas dos personas quieren compartir, juntos y para siempre, sus vidas.

Jesús creció junto a María y José. Jesús vio, día a día, cómo el amor que sentían el uno por el otro hacía que su familia fuese fuerte y feliz y estuviese llena de fe.

Más adelante, Jesús enseñó una profunda verdad con respecto al matrimonio:

> *"Desde el comienzo de la creación, El los hizo varón y hembra. Por eso dejará el hombre a su padre y a su madre, y los dos se harán una sola carne. De manera que ya no son dos, sino una sola carne".*
>
> Marcos 10:6–8

Con el **sacramento del Matrimonio**, la novia y el novio se unen tan estrechamente que ellos ¡"se convierten en uno"! La novia y el novio prometen sacrificarse y que su familia será lo primero para ellos. Esa promesa es similar a la entrega que Cristo hizo de sí mismo a la Iglesia. Dios ayuda a que el amor de la pareja crezca y suma su amor al de ellos. El matrimonio tiene frutos y generalmente le nacen hijos. Esta bella unión es como un retrato de la Trinidad.

¿Cómo se desarrolla una boda?

Muchas bodas se realizan durante una misa, incluso en los casos en los que generalmente no se comienza con lecturas de la Biblia. La novia y el novio, de pie ante el altar, dicen sus votos. Los **votos** son las promesas que se hacen el uno al otro. La novia y el novio prometen amarse para siempre, "en las alegrías y en la tristeza, en la salud y en la enfermedad," "por todos los días de mi vida" (*Orden del matrimonio*). Entonces intercambian anillos. En el sacramento del Matrimonio, los **anillos de bodas** son un signo de que la pareja permanecerá unida para siempre.

El matrimonio es diferente a todos los demás sacramentos. ¡La novia y el novio son los que ofician el sacramento! Una vez que ambos pronuncian sus votos, ya están oficialmente casados. El sacerdote o diácono está presente como testigo de la Iglesia y preside otras partes de la ceremonia.

El sacramento del Orden Sagrado

"¿Se sienten a veces solos los sacerdotes?" preguntó Terrence. "Jamás veo al padre en ningún otro lugar que en la iglesia y nadie vive con él. Debe de sentirse bastante solo".

"¡Yo conocí a un diácono que es casado! ¡Hasta tiene hijos! ¿Por qué los sacerdotes no forman familias?" dijo Lisa.

"Los sacerdotes sí tienen familia, lo más importante es que son parte de la familia de Cristo, la Iglesia, y que nos guían a todos nosotros en la fe", respondió la señora Evans.

¿Tienes preguntas acerca de lo que es ser sacerdote o diácono?

El trabajo de los apóstoles

Jesús llamó a los doce apóstoles para compartir con ellos su trabajo en la tierra. ¡Les enseño muchísimo! Después les concedió poder y los envió como mensajeros de la Buena Nueva y a sanar a los enfermos y perdonar pecados.

Los hombres que eligen dedicar sus vidas a servir a Dios y su Iglesia reciben el sacramento del **Orden Sagrado**. Durante la celebración de las ceremonias correspondientes, estos hombres reciben las **órdenes sagradas**. Esto significa que han sido escogidos y que el Espíritu Santo les preparará para su trabajo. Los sacerdotes prolongan el trabajo de Jesús en la tierra de maneras especiales:

1. Ellos celebran la misa

> *"Tomó Jesús pan y lo bendijo, lo partió y, se lo dio a sus discípulos,... Tomó luego una copa y, dadas las gracias, se la dio diciendo...'".*
>
> Mateo 26:26–28

En la Última Cena, Jesús dijo a sus apóstoles "haced esto en recuerdo mío" (Lucas 22:19). Cada día, los sacerdotes de todo el mundo hablan y actúan en recordación a Jesús. Ellos actúan como vehículo del poder y la persona de Cristo, exactamente como les ordenó Jesús. Cuando el sacerdote dice, "Este es mi cuerpo" y "Esta es mi sangre", Jesús nos está hablando a través de él.

2. Ellos perdonan los pecados

Después de resucitar de entre los muertos, Jesús se apareció a sus apóstoles y les dijo:

> *"'Como el Padre me envió, también yo os envío'. Dicho esto, sopló sobre ellos y les dijo: 'Recibid el Espíritu Santo. A quienes perdonéis los pecados, les quedan perdonados; a quienes se los retengáis, les quedan retenidos'".*
>
> Juan 20:21–23

De igual forma, cuando un sacerdote te **absuelve** dice, en el sacramento de la penitencia, las expresa las palabras de perdón. Entonces el pecado no solo queda olvidado sino es borrado por el poder de la misericordia de Dios. Al igual que Jesús habla por medio del sacerdote durante la Eucaristía, Dios nos perdona por medio del sacerdote durante la penitencia y reconciliación.

3. Ellos cuidan del rebaño de Dios

Jesús dijo:

> *"Yo soy el buen pastor. El buen pastor da su vida por las ovejas… conozco mis ovejas y las mías me conocen a mí, como me conoce el Padre y yo conozco a mi Padre y doy mi vida por las ovejas".*
>
> Juan 10:11, 14–15

Cuando Jesús dijo, "Apacienta mis ovejas" (Juan 21:17) estaba haciendo a Pedro líder de los apóstoles. Los diáconos y los sacerdotes prometen obedecer a su obispo local, y todos los obispos prometen obedecer al papa.

El pueblo de Dios

"¿Así que Pedro es como el tátara- tátara-tátara-tatarabuelo de la Iglesia?" preguntó Tomás.

"Algo así," sonrió la señora Evans. "La historia de la iglesia es como un árbol genealógico. ¡Incluso podemos rastrear nuestras raíces hasta tiempos anteriores al nacimiento de Jesús! A esto le llamamos la historia de nuestra salvación. Nuestros ancestros en la fe ayudaron a dar forma a muchas de las tradiciones que tenemos hoy. En la Biblia podemos leer sobre ellas".

¿Qué quieres aprender sobre la historia de la Iglesia?

Abraham y Sara
Génesis 15—21

Abram creyó en Dios cuando Dios se le reveló. Cuando Dios le dijo, "Abram, toma a tu esposa Sarai y vayan al lugar que yo les mostraré," ellos dejaron su hogar, sus amigos, su familia y siguieron a Dios. Dios los llevó a un lugar llamado Canaán y les cambió los nombres. Abram se convirtió en "Abraham", lo que significa "padre de muchas naciones". Sarai se convirtió en "Sara", que significa "princesa del pueblo".

Dios prometió que Abraham tendría más hijos y nietos que estrella hay en el cielo o granos de arena hay a la orilla del mar. Sara y Abraham estaban felices pero eran viejos y no tenían ningún hijo. ¿Cómo podría hacerse realidad la promesa de Dios?

Finalmente les nació un hijo al que nombraron Isaac.

¿Cómo crees tú que la promesa de Dios a Abraham se hizo realidad?

Isaac y Rebeca
Génesis 24—46

Isaac creció y se casó con Rebeca. Tuvieron unos gemelos a los que llamaron Jacob y Esaú.

Dios cambió el nombre de Jacob y le nombró Israel. Israel tuvo doce hijos (los bisnietos de Abraham). Los hijos de Israel fueron el comienzo de las muchas naciones de Abraham.

José, uno de los hijos de Jacob, tuvo sueños en los que veía a sus hermanos haciendo reverencias ante él. Cuando les contó estos sueños a sus hermanos, ellos se pusieron celosos y conspiraron para librarse de él. José fue vendido como esclavo por sus hermanos y se convirtió en esclavo del faraón de Egipto. Al faraón le agradaba tanto José que lo hizo su segundo al mando.

Entre tanto, allá en su casa, su familia pasaba hambre. Los hermanos fueron a Egipto y rogaron al faraón que les diese comida. Ellos no reconocieron a José, pero este sí sabía quiénes eran ellos. José no estaba enojado. Él amaba a sus hermanos y los perdonó. Les dijo que trajeran a su padre a Egipto. Su familia permaneció en Egipto y vivió con José por muchos años.

¿Por qué crees tú que José perdonó a sus hermanos?

C11 CATECUMENADO

La Iglesia de los inicios

Tanya levantó la mano, "¿Cuándo vamos a hablar de Jesús y los apóstoles? ¿La Iglesia no comenzó con ellos?" preguntó.

"¡Eso es!" manifestó Terrence. "Yo creía que los israelitas eran judíos. ¿Qué tiene que ver ser judío con ser cristiano?"

NIÑOS

CIC 425, 748–76, 858

¿Qué crees tú que tenían en común los israelitas y la Iglesia de los inicios?

Jesús el judío

María y José eran descendientes del rey David. Eso significa que eran judíos. Jesús también fue criado como judío. Él practicaba la ley judía y celebraba las fiestas judías con su comunidad. Sin embargo, Jesús sabía que planeaba otras cosas para su pueblo.

Jesús hace una promesa

Jesús vino para dar cumplimiento al reino de Dios. Él buscó personas que lo siguieran y creyeran en él. Jesús escogió doce apóstoles y les enseñó. Durante años, Jesús permaneció junto a sus apóstoles, caminó y comió con ellos y les enseñó muchas cosas. Cuando llegó el momento de que Jesús partiera de este mundo, él envió a los apóstoles a predicar y enseñar. Jesús les prometió enviarles un Ayudante:

> *"Cuando venga él, el Espíritu de la verdad, os guiará hasta la verdad completa; pues no hablará por su cuenta, sino que hablará lo que oiga, y os anunciará lo que ha de venir. El me dará gloria, porque recibirá de lo mío y os lo anunciará a vosotros. Todo lo que tiene el Padre es mío".*
>
> Juan 16:13–15

Jesús compartió su Espíritu con los apóstoles y les garantizó que ellos podrían conducir el mundo a la verdad. Todos los cristianos bautizados están llamados a tomar parte en esa misión.

¿Cómo te sentirías si fueras uno de los apóstoles y tuvieras que difundir la Buena Nueva?

¿Cómo puedes tú compartir con tus amigos y tu familia lo que estás aprendiendo en el RICA?

Después de la muerte de Jesús, sus apóstoles estaban tristes y asustados. En lugar de predicar y enseñar, se encerraron. Ellos no querían que los lastimaran o que lo mataran como habían hecho con Jesús.

¡Pero Jesús regresó! Él se apareció a sus discípulos muchas veces. De nuevo habló y comió con ellos. ¡Qué felices se pusieron! Al fin comprendieron que Jesús nunca moriría. Una vez más Jesús les prometió enviar el Espíritu Santo para que los ayudara. Entonces ascendió a los cielos.

¿Cómo te sentirías tú si Jesús viniera a hablar y comer contigo?

Historia de la Iglesia

"¿Quién pudiera contarme algo que sus abuelos transmitieron a sus padres y sus padres les transmitieron a él o ella?" preguntó la señora Evans.

"Mis abues siempre preparaban los domingos una gran cena para la familia. Ahora mi papá hace eso. Cuando yo sea grande, seré yo quien invite a la familia", dijo Terrence sonriendo.

"Mi mamá uso el traje de novia de mi abuela", añadió Lisa. "Mi mamá dice que ella lo tiene guardado por si yo quiero usarlo".

"¡Formidable!" los animó la señora Evans. "Nuestra familia en la fe tiene también tradiciones como esas. Esas tradiciones han pasado de una a otra generación y los católicos de todo el mundo las comparten".

¿Qué tradiciones han pasado de unos a otros en tu familia?

¿Por qué fue importante para los nuevos católicos aprender de la fe de personas como los Padres de la Iglesia?

Historia: Un relato de familia

Todas las familias tienen sus anécdotas y tienen su historia. Conocer lo que ocurrió en tu familia antes de que tú nacieras te ayuda a entender a tu familia y a entenderte mejor a ti mismo. Si tu tatarabuelo fue un pionero, eso pudiera explicar por qué te gusta explorar nuevos lugares. Si tu abuela era modista, tú pudieras entender de dónde viene tu amor por la ropa.

Enumera los hobbies o intereses que compartes con, al menos, una persona de tu familia.

La historia de la Iglesia tiene muchas etapas. Aprender más sobre la Iglesia te ayudará a comprender mejor tu religión. ¡Puede que hasta te ayude a comprenderte a ti mismo!

En el siglo IV, siendo **Constantino el Grande** el gobernante romano, el Imperio Romano permitió la práctica legal del cristianismo. Eso hizo posible la realización de reuniones, la celebración del culto y el estudio de las doctrinas de Jesús en paz. Al comenzar a crecer la Iglesia, los **Padres de la Iglesia**, que fueron obispos y monjes muy instruidos y fieles, contribuyeron a que se entendiera mejor la fe. Entre esos Padres de la Iglesia de los tiempos iniciales se cuentan los santos Ignacio, Clemente, Ambrosio, Jerónimo, Basilio, Gregorio y Agustín.

Problemas de familia

Aun contando con la guía del Espíritu Santo podemos cometer errores. Cuando partes de la Iglesia manifiesta estar en desacuerdo y se separan, decimos que ha sucedido un **cisma**, lo que significa que ha ocurrido una separación o división. A veces las personas se confunden y piensa que su verdad es la verdad de Dios. Con el paso del tiempo, esas confusiones conducen a disputas en la Iglesia. Incluso algunas personas se alejaron completamente de la Iglesia debido a esos desacuerdos. Con todo, Dios sigue queriendo que toda su familia esté unida, así que hasta el día de hoy la Iglesia sigue trabajando para que todos volvamos a ser uno.

En 1054, la Iglesia **Oriental**, u **Ortodoxa**, cuya sede estaba en **Constantinopla** (hoy Estambul, Turquía) estaba en desacuerdo con el papel del papa y con la forma en que la Iglesia se refería al Espíritu Santo, así que se separó de la Iglesia **Occidental**, o **Latina**, cuya sede está en Roma.

En el siglo XVI, un monje católico llamado **Martín Lutero** vio, junto a otros, que se estaban cometiendo errores. Él quería que la Iglesia cambiase su forma de actuar. Martín Lutero no quería crear una nueva iglesia pero hubo falta de comunicación entre las partes. Entonces intervinieron líderes no religiosos ¡y las cosas se

Vivir hoy a la manera de Jesús

Lisa le estaba hablando a la clase. "Una de mis amigas del equipo de soccer dice que los católicos tienen demasiadas reglas y que su religión no es así. Señora Evans, ¿por qué les gustan tanto las reglas a los católicos?"

La señora Evans sonrió. "Es cierto que algunas personas piensan que tenemos muchísimas reglas, pero la mayoría son iguales a las que tienen otros cristianos porque se basan en lo que dijo Jesús o en lo que está escrito en la Biblia. Ellas, al igual que las reglas que hay en el hogar y el la escuela, hacen que nuestras vidas sean mejores. Hablemos el caso de los Diez Mandamientos".

Los Diez Mandamientos

Los **Diez Mandamientos** son las reglas que Dios dio a Moisés y aparecen en el Antiguo Testamento. Esas diez reglas explican cómo quiere Dios que vivamos. Las tres primeras nos dicen cómo amar a Dios. Las otras siete nos dicen cómo amarnos los unos a los otros.

1. No adorarás a nada ni nadie que no sea Dios.
2. Solo pronunciarás el nombre de Dios respetuosamente.
3. El domingo es el día de Dios y lo celebrarás.
4. Respetarás y obedecerás a tus padres.
5. No matarás.
6. Le serás fiel a tu esposo o esposa.
7. No robarás.
8. No mentirás.
9. No envidiarás lo que otras personas poseen.
10. No envidiarás a otro los miembros de su familia.

adaptado de Éxodo 20:1–17

Los dos grandes mandamientos

Jesús nació y se crió en la fe judía. Él conocía bien las Escrituras hebreas. Él conocía los Diez Mandamientos y las otras leyes y reglas que aparecen en el Antiguo Testamento pero se dio cuenta de que esas leyes estaban siendo alteradas por algunos de los líderes judíos. Ellos estaban tratando las leyes como reglas para lograr parecer santos y no para amar a Dios y tratar de ser santos. Jesús enseñó que las leyes son buenas pero tenemos que vivirlas con todo nuestro corazón.

Jesús nos dio dos nuevos mandamientos como garantía de que el amor a Dios y a los demás estuvieran siempre en el centro de nuestras leyes (ver Mateo 22:37–39; Marcos 12:30–31; Lucas 10:27).

1. Amarás a Yahveh tu Dios con todo tu corazón, con toda tu alma y con toda tu fuerza (Deuteronomio 6:5).
2. Amarás a tu prójimo como a ti mismo (Levítico 19:18).

¿Cómo demuestras a Dios tu amor por él al obedecer los Diez Mandamientos?

¿Cómo demuestras que amas a tu prójimo al obedecer los Diez Mandamientos?

C14

CATECUMENADO

Cuidar de todas las criaturas de Dios

"¿Qué te pasa?" Tomás estaba preocupado por Lisa. Ella había estado muy callada durante toda la clase y parecía disgustada.

"Tenemos unos vecinos nuevos. Son muy agradables pero no hablan muy bien el inglés porque son de otro país. Esta mañana alguien les puso en el césped un letrero que decía "Go home". ¡Eso no es justo! Yo quiero ayudarlos pero no sé cómo hacerlo. ¿Qué debo hacer?"

NIÑOS

CIC 1807, 2401–49

¿Qué crees tú que Lisa deba hacer?

¿Qué crees tú que Jesús le pudiera decir a Lisa que hiciera?

Miremos a cómo son los hijos de Dios

Echa ahora mismo una mirada a tu alrededor. ¿Todos los que ves tienen el mismo aspecto que tú? ¿A todos les gustan las mismas cosas? ¿Todos vienen de la misma familia?

Sin embargo, tampoco son ustedes totalmente diferentes. Todos tienen amigos. Todos tienen familias. Todos necesitan comida y un techo para sobrevivir. Todos ustedes fueron creados por Dios.

Todos tenemos cosas que nos hacen iguales y cosas en las que somos diferentes. Todos somos parte de esa obra que "está muy bien" (Génesis 1:31) ante los ojos de Dios. Dios nos creó para ser parte de una comunidad y ser también seres individuales.

Habla con el niño o la niña que está a tu lado. ¿Qué tienen ustedes en común? ¿Qué los hace diferentes? Menciona aquí algunas de esas cosas.

____

____

____

____

Prejuicio

Dios hizo de cada uno de nosotros un ser especial. Todos tenemos cosas que nos hacen diferentes pero hay personas que piensan que hay cosas que hacen que algunas personas sean mejores que otras. A ellos solo les agradan las personas que tienen su mismo color de piel, hablan su mismo idioma o tienen los mismos gustos que ellos. Cuando una persona piensa de esa manera, decimos que sus pensamientos son **prejuiciosos**.

El prejuicio causa mucho sufrimiento e infelicidad. Imagínate que vas a una escuela y te sientas con tus mejores amigos y entonces llega alguien y te dice que no puedes seguir jugando con ellos porque tú tienes ojos azules y los de ellos son de color café. Entonces descubres que a las personas con ojos azules no se les permite comer hasta que todos los que tienen ojos marrones hayan terminado de comer. Además, te dicen que tienes que jugar en el patio de recreo viejo porque el nuevo es para los de ojos cafe.

Si eso sucediera, seguro que te sentirías dolido. Es probable que también te sintieras enojado.

¿Cuáles son algunas de las cosas que tú puedes hacer para que todos se sientan incluidos en tu escuela? ¿Y en tu vecindario?

La vida: el mayor de los dones

Dios nos ha hecho muchos presentes. Todos los días, en cuanto nos despertamos, podemos comenzar a contar los regalos que recibimos de Dios.

Menciona tres regalos que Dios te hizo hoy.

1. ____________________

2. ____________________

3. ____________________

Cuando Dios hizo el mundo, el creó a las personas a su imagen y ofreció a todos la vida eterna. ¡Eso hace de la vida humana algo muy especial!

El cuidado del regalo que Dios nos ha dado

Cuando alguien nos da un regalo, nosotros ni lo rompemos ni lo destruimos. Lo cuidamos. Lo disfrutamos. Lo agradecemos. Dios nos da el regalo de la vida. Tenemos que ser responsables y cuidarla con esmero.

Sin embargo, nosotros no nos limitamos a cuidar solo de nuestra vida. Dios nos llama a que también cuidemos a los demás. Cuando la vida de la gente está en peligro o cuando la gente no recibe el cuidado que debiera recibir, nosotros —y todo el pueblo de Dios— tenemos que ayudar.

¿Cuáles son algunas de las cosas que puedes hacer para ayudar a otras personas?

El aborto

Las vidas de algunos niños están en peligro aun antes de que nazcan. Cuando una madre decide ir a un médico que acabe con la vida de su bebé, eso es lo que se llama un **aborto.**

No todo el mundo se alegra cuando se entera de que un nuevo bebé viene en camino. Algunas personas se enojan mucho. Algunas se asustan mucho. Nosotros debemos cuidar tanto del nuevo bebé como de la madre del bebé. Es por eso que la Iglesia ayuda a las madres que no quieren ser madres.

¿Hay un grupo provida en tu parroquia? ¿Qué hacen sus miembros para ayudar a las madres y sus bebés?

La eutanasia

En ocasiones, hay gente que quiere poner fin a la vida de alguien porque esa persona es muy vieja o está muy enferma. Hasta puede suceder que una persona quiera poner fin a su propia vida porque está muy vieja o enferma y no quiere sufrir. Poner fin a una vida porque alguien no quiere vivir con una enfermedad o sufrimiento se llama **eutanasia**.

Las personas que escogen la eutanasia piensan que están haciendo una buena selección. Piensan que están demasiado viejos o enfermos para mejorar en algún momento, y no quieren seguir sufriendo. O sus familiares no quieren seguir viéndolos sufrir.

Sin embargo, nunca es ni correcto ni bueno adelantar una muerte. Todos los seres humanos tenemos dignidad, y como parte de esa dignidad todos merecemos vivir hasta que sobrevenga la

CATECUMENADO C15

Decir siempre sí a la vida

Terrence y Lisa oyeron decir a Tanya, sin proponérselo, que tenía un partido de volibol esa noche, después de la clase del RICA, y quisieron ir a apoyarla porque sabían que ella estaba nerviosa.

Terrence y Lisa se pararon junto a la línea de banda y saltaban y la animaban. "¡Arriba, Tanya!" Tanya estaba muy agradecida de tener tan buenos amigos y de que Dios los hubiera reunido en las clases del RICA.

NIÑOS

CIC 1807, 2401–49

C16 CATECUMENADO

Cuidar de la comunidad de Dios

"Entiendo que no está bien que uno trate mal a la gente", dijo Tanya, "pero ¿cómo se puede hacer daño o ayudar a personas que uno nunca ha visto?"

"Jesús contó una historia sobre eso", contestó la señora Evans. "Se puede ayudar a todos, incluso a la gente que uno no conoce, si llevas una vida como se debe".

NIÑOS

CIC 1928–42

¿Qué piensas que quiso decir la señora Evans?

Lázaro y el hombre rico

Había una vez un hombre rico que vestía ropas caras y disfrutaba, todos los días, las mejores comidas. Un pordiosero llamado Lázaro fue a casa del hombre rico. Lázaro estaba tan hambriento que se hubiera comido las migajas que cayeran de la mesa del hombre rico y se hubiera sentido feliz. Pero el cuerpo de Lázaro estaba lleno de llagas y no era el tipo de persona que al hombre rico que le gustaba recibir, así que el rico lo ignoró.

Cuando Lázaro murió, los ángeles lo llevaron al cielo a ocupar un lugar de honor junto a Abraham. Cuando el hombre rico murió, fue al infierno y sufrió terriblemente. Cuando vio a Abraham y a Lázaro, el hombre rico rogó al primero, "¡Ten piedad de mí! ¡Dile a Lázaro que me dé aunque sea una gota de agua! ¡Estoy ardiendo en este fuego!"

Abraham le contestó, "Recuerda que cuando estas vivo disponías de todas las cosas buenas y hasta de más de lo necesario. Lázaro estaba enfermo, pasando hambre y solo. Tú te negaste a ayudarlo. No hiciste caso a su dolor. Ahora él está feliz con Dios, y tú sufres".

Adaptado de Lucas 16:19–25

¿Qué lección podemos sacar de la historia de Lázaro y el hombre rico?

Dios nos pide que nos ocupemos de los demás

La Iglesia tiene presente que Jesús dijo, "El Señor me ha enviado a anunciar la libertad de los cautivos, devolver la vista a los ciegos y poner fin al sufrimiento de todos" (adaptado de Lucas 4:18).

Al igual que Jesús, la Iglesia se ocupa de los que pasan hambre, frío o dolor. Se preocupa por los que están en la cárcel o sufren abusos. Cuando los líderes de la Iglesia tienen noticia de esas injusticias, le hacen saber al mundo que eso está mal y que a nosotros nos corresponde ponerles fin.

Jesús ama de modo especial a los pobres, los necesitados y los que sufren. Mediante su ejemplo y sus enseñanzas, Jesús nos ayuda a comprender por qué tenemos que ocuparnos de ellos.

He aquí tres maneras en las que puedes ayudar:

1. Comparte lo que tienes

Al igual que lo hizo con los cinco panes y los dos peces (Mateo 14:15–20; Marcos 6:34–44; Lucas 9:12–17), Dios proporciona más que lo que es suficiente. A nosotros nos corresponde pasar a otros ese extra y asegurarnos de que nadie carezca de las cosas que necesita. Podemos

COMPARTE

compartir más que lo que tenemos. Podemos compartir lo que sabemos hablándoles a otros sobre Dios o enseñándole a alguien alguna cosa de sabemos mucho y bien. Podemos compartir la alegría de ser amables con todos.

2. Ayuda a otros cuanto puedas

Cuando Jesús lavó los pies de sus apóstoles, les dijo que hicieran lo mismo que él había hecho. Sus palabras y ejemplo nos dicen que nuestra tarea como cristianos es servir a los demás. Él dijo, "El que quiera llegar a ser grande

AYUDA

entre vosotros, será vuestro servidor, y el que quiera ser el primero entre vosotros, será vuestro esclavo" (Mateo 20:26–27). Jesús quiere que cuando sepamos de alguien que está pasando necesidades, le ayudemos.

3. Defiende lo que es correcto

Cada vez que Jesús veía una injusticia, se enfrentara firmemente a ella. En el Templo, expulsó a los mercaderes que se estaban enriqueciendo a costa del pueblo. Habló contra

DEFIENDE LO CORRECTO

los maestros y líderes que malinterpretaban las leyes de Dios. Le habló la gente sobre los pecados que estaban cometiendo y les ayudó a vivir de forma más parecida a la de él.

El papa y los obispos siempre han denunciado las injusticias. A continuación aparecen algunas de las injusticias que estamos llamados a corregir.

La economía

Todo el mundo necesita y tiene derecho a tener alimento, ropa, vivienda, descanso, asistencia médica, educación y empleo. La Iglesia considera que cada país debe garantizar que a nadie le sean negados esos derechos. Tus padres y otros adultos pudieran votar leyes que ayuden al pueblo y, cuando tengas más edad, tú también podrás hacerlo. Pero desde ahora puedes ir haciendo cosas como compartir lo que tienes o donar parte de tu estipendio.

El derecho de las familias

La familia es el medio del que Dios se vale para garantizar que todos los niños sean amados y cuidados. La Iglesia considera que todos los países deben apoyar el derecho de la familia a crecer y vivir en paz y seguridad, a transmitir su fe y seguir a Dios.

Los derechos civiles

Todas las personas merecen recibir el mismo trato. Las leyes deben ser redactadas para lograr el bien común y han de hacerse cumplir de forma justa. Nadie deberá ser tratado de forma diferente debido a su apariencia, edad, sexo, aptitudes o religión.

¿Qué puedes tú hacer para defender a las personas que están pasando necesidades o que están siendo tratadas injustamente?

¿CÓMO PODEMOS AYUDAR?

Enlaza la acción con la forma de ayuda que le corresponde.

Tu mejor amigo o amiga tiene grandes deseos de formar parte de la representación teatral de la escuela. Después de clases, tú dedicas un tiempo para ayudarle a practicar.	Compartir lo que se tiene
Tus amigos están hablando de mentirles a sus padres y meterse en un cine, y quieren que vayas con ellos. Tú dices que no.	
Esta semana hiciste un montón de labores extras ¡y tu papá te dio dinero por encima de tu estipendio! Tú quieres gastarlo todo pero, en lugar de hacer eso, depositas parte del dinero en el cesto de la colecta de la iglesia.	Defender lo que es correcto
Sabes que tu mamá está muy atareada, así que, después de la cena, friegas los platos sin que te lo pidan.	
Accidentalmente escuchas a alguien diciendo algo malo y falso sobre otra persona. Le dices a él o ella que eso no es correcto y que debería difundir rumores.	Ayudar a otros
Te das cuenta de que un estudiante de tu clase nunca trae nada para la comida del mediodía. Decides traer un segundo sandwich para dárselo.	

Resumen

- Los fundamentos de la doctrina de la Iglesia sobre la justicia social.
- Los siete temas tratados por la doctrina social católica.
- La forma en que los cristianos defienden a los pobres y las personas vulnerables.

Jornada de Fe para Niños, Catecumenado, C16 **(827020)**

Imprimi Potest: Stephen T. Rehrauer, CSsR, Provincial de la Provincia de Denver, Redentoristas.

Imprimatur: "Conforme al *CIC* 827, el 13 de julio de 2017, el reverendo Mark S. Rivituso, obispo auxiliar de la archidiócesis de St. Louis, concedió el permiso de publicación. El Imprimátur es un permiso para la publicación que indica que la obra no contiene contradicciones con las enseñanzas de la Iglesia Católica, sin embargo no implica la aprobación de las opiniones que se expresan en ella. Con este permiso no se asume ninguna responsabilidad".

Jornada de Fe © 2000, 2017 Liguori Publications, Liguori, MO 63057. Para hacer pedidos, visite Liguori.org o llame al 800-325-9521. Liguori Publications, corporación no lucrativa, es un apostolado de los Redentoristas. Para saber más acerca de los Redentoristas visite Redemptorists.com.

Edición del 2017: Theresa Nienaber-Panuski and Pat Fosarelli, MD, DMin.

Diseño y producción: Wendy Barnes, John Krus, Lorena Mitre Jimenez, Bill Townsend. Ilustraciones: Jeff Albrecht.

Impreso en los Estados Unidos de América. Tercera edición.

muerte natural. Solo Dios sabe bien cuándo una vida ha llegado a su final. Tenemos que confiar en que Dios cuida de nosotros y de nuestra familia aún en los momentos en que alguien está sufriendo dolores.

La pena capital

Cuando alguien hace daño a una persona que amamos, puede que deseemos cobrársela o que deseemos que se corrija el daño. Algunas personas piensan que es un acto de justicia castigar a quienes dañen o asesinen a otras personas con la **pena capital**. "Capital" significa que el delito fue tan grave que la persona que lo cometió puede ser condenada a morir. La Iglesia nos enseña que la sociedad tiene derecho a defenderse, pero, debemos hacerlo sin derramar sangre.

Dios nos prohíbe matar y nos ordena, por el contrario, perdonarnos los unos a los otros —incluso muchas veces (Mateo 18:21–22). La Iglesia enseña eso porque Dios es quien da la vida y solo Dios puede quitarla. Puede resultar muy difícil ver algo de bueno en alguien que ha hecho cosas muy malas y ha dañado a otras personas. La Iglesia nos recuerda que cada persona ha sido creada a imagen de Dios, incluso las personas que han hecho cosas malas. El Papa Francisco nos enseña que nunca debemos matar a una persona porque les negaríamos la opción de redimirse. La Iglesia nos recuerda que tenemos que ser ejemplo de cuánto amó y cómo vivió Jesús en el mundo.

La pobreza y el hambre

Hay en el mundo mucha gente que no tiene suficiente de comer y beber. Algunos niños se acuestan hambrientos todas las noches. Es difícil amar la vida y estarle agradecido cuando no se tiene lo suficiente. El no poder comprar las cosas que se necesitan para vivir se llama **pobreza**. La iglesia nos recuerda compartir lo que tenemos con los menos afortunados, incluyendo migrantes y inmigrantes.

Menciona tres cosas que tienes y por las que estás agradecido.

1. ______________________________

2. ______________________________

3. ______________________________

Menciona tres cosas de las que pudieras desprenderte para ayudar a otra persona.

1. ______________________________

2. ______________________________

3. ______________________________

La guerra

Es difícil que la gente esté siempre de acuerdo. Hasta las familias discuten por cosas sin importancia. Cuando los desacuerdos hacen difíciles la convivencia, la vida deja de ser pacífica y feliz. Cuando los países, gobiernos u otros grupos pelean entre sí, ello pudiera conducir a una guerra.

Muchas personas resultan lesionadas o muertas durante la guerra. Incluso personas que no querían ir a la guerra. El uso de las armas y la violencia son un medio terrible para resolver los problemas. También es un modo terrible de tratar ese don de Dios que es la vida humana. A veces la guerra pudiera resultar necesaria, pero solo en los casos en que sea la única manera de impedir que la gente sufra daños o muera. La Iglesia nos llama a hallar otros medios para tratar de resolver los conflictos antes de que estalle una guerra.

Enumera tres cosas que tú puedes hacer para mantener la paz en tu familia, tu escuela o tu barrio.

1. ______________________________

2. ______________________________

3. ______________________________

¿Cómo puedo yo honrar la vida?

Para cada una de los males que se mencionan a continuación, menciona dos cosas que tú pudieras hacer para, por el contrario, honrar la vida.

Eutanasia

1. ______________________________

2. ______________________________

Aborto

1. ______________________________

2. ______________________________

Pobreza y hambre

1. ______________________________

2. ______________________________

Pena capital

1. ______________________________

2. ______________________________

Guerra

1. ______________________________

2. ______________________________

Resumen

- El porqué algunos problemas modernos son una amenaza para la vida humana.
- El porqué algunas acciones son malignas.
- Modos en que los católicos defienden la vida.

***Jornada de Fe para Niños, Catecumenado, C15* (827020)**

Imprimi Potest: Stephen T. Rehrauer, CSsR, Provincial de la Provincia de Denver, Redentoristas.

Imprimatur: "Conforme al *CIC* 827, el 13 de julio de 2017, el reverendo Mark S. Rivituso, obispo auxiliar de la archidiócesis de St. Louis, concedió el permiso de publicación. El Imprimátur es un permiso para la publicación que indica que la obra no contiene contradicciones con las enseñanzas de la Iglesia Católica, sin embargo no implica la aprobación de las opiniones que se expresan en ella. Con este permiso no se asume ninguna responsabilidad".

Para hacer pedidos, visite Liguori.org o llame al 800-325-9521. Liguori Publications, corporación no lucrativa, es un apostolado de los Redentoristas. Para saber más acerca de los Redentoristas visite Redemptorists.com.

Edición del 2017: Theresa Nienaber-Panuski and Pat Fosarelli, MD, DMin.

Diseño y producción: Wendy Barnes, John Krus, Lorena Mitre Jimenez, Bill Townsend. Ilustraciones: Jeff Albrecht.

Impreso en los Estados Unidos de América. Tercera edición.

LIBROS LIGUORI

Jornada de Fe

Compartir lo que tenemos

Una forma en que somos diferentes de otras personas es por las cosas que tenemos. Puede ser que tengamos un amigo o amiga que tiene la ropa y los juguetes más de moda. Puede ser que también tengamos otro amigo que siempre va de vacaciones a alguna parte. Pero puede ser que tengamos un tercer amigo que siempre use ropa que alguien utilizó antes.

Puede que a veces sintamos que tener cosas o tener suficiente dinero para conseguir más cosas sea lo más importante de nuestras vidas. Tener lo que necesitamos es importante. Todos necesitamos ropas. Todos necesitamos comida y techo. Incluso está bien que nos gusten algunas de esas cosas especiales que poseemos. Sin embargo, cuando nos interesamos más por nuestras cosas que por los demás, no estamos viviendo a la manera de Jesús.

Amar a las cosas más que a las personas es algo que lastima a Dios y a los demás. Dios nos pide que nos preocupemos por los pobres. Debemos compartir lo que tenemos, dar los juguetes y las ropas que ya nos quedan chicas y poner siempre a las personas por delante de las cosas. A Dios no le interesa si nuestros equipos electrónicos no son de último modelo ni si nuestros zapatos son nuevecitos. Dios nos ama por lo que somos. También nosotros debemos amar a las otras personas por lo que son y no por lo que poseen.

¿Cuáles son algunas de las maneras en que puedes compartir con otros lo que tienes?

El mundo de Dios está en nuestras manos

Las personas son lo más importante de la creación de Dios, ¡pero también tenemos que cuidar el resto del mundo de Dios! Dios hizo el mundo especialmente para nosotros. Eso significa que cuidarlo es responsabilidad nuestra.

Inmediatamente después de crear el mundo, Dios le dio a Adán la tarea de nombrar los animales y cuidar el jardín. Toda semilla que plantamos, todo árbol que regamos con agua es un regalo que le hacemos a Dios por todos los que nos ha hecho. Cada pájaro que alimentamos, cada mascota que cuidamos, cada animal que protegemos, es a la vez un regalo que Dios nos hace y un signo de nuestro amor y fidelidad a Dios.

Enumera tres regalos de la creación de Dios que hacen mejor tu vida.

1. ______________________

2. ______________________

3. ______________________

Enumera tres cosas que tú puedes hacer para cuidar de las criaturas de Dios y del medioambiente.

1. ______________________

2. ______________________

3. ______________________

AMAR LA CREACIÓN DE DIOS

En la primera columna, enumera cinco formas en las que las personas lastiman a otras o a la creación de Dios. En la segunda columna, enumera las formas en que se puede reaccionar ante esa situación. Ya hemos hecho una para ti.

Pecado/Daño	Reacción
No permitir que alguien esté en tu equipo porque él o ella no tiene el equipamiento adecuado.	En lugar de dejarle fuera, todos los demás integrantes del equipo pudieran turnarse para prestar su equipamiento para que todos puedan jugar.
1.	
2.	
3.	

Resumen

- La dignidad de la vida humana es universal.
- Los cristianos estamos llamados a proteger la vida humana y respetar la creación de Dios.
- Los cristianos estamos llamados a dar nuestro apoyo a la dignidad, la justicia y los derechos de todas las personas.

***Jornada de Fe para Niños, Catecumenado, C14* (827020)**

Imprimi Potest: Stephen T. Rehrauer, CSsR, Provincial de la Provincia de Denver, Redentoristas.

Imprimatur: "Conforme al *CIC* 827, el 13 de julio de 2017, el reverendo Mark S. Rivituso, obispo auxiliar de la archidiócesis de St. Louis, concedió el permiso de publicación. El Imprimátur es un permiso para la publicación que indica que la obra no contiene contradicciones con las enseñanzas de la Iglesia Católica, sin embargo no implica la aprobación de las opiniones que se expresan en ella. Con este permiso no se asume ninguna responsabilidad".

Jornada de Fe © 2000, 2017 Liguori Publications, Liguori, MO 63057. Para hacer pedidos, visite Liguori.org o llame al 800-325-9521. Liguori Publications, corporación no lucrativa, es un apostolado de los Redentoristas. Para saber más acerca de los Redentoristas visite Redemptorists.com.

Edición del 2017: Theresa Nienaber-Panuski and Pat Fosarelli, MD, DMin.

Diseño y producción: Wendy Barnes, John Krus, Lorena Mitre Jimenez, Bill Townsend. Ilustraciones: Jeff Albrecht.

Impreso en los Estados Unidos de América. Tercera edición.

LIBROS LIGUORI

Jornada de Fe

Si conocemos a Jesús y creemos en él, eso se muestra en todo lo que hacemos. Nosotros somos como espejos que reflejan su manera de ser. A Jesús lo escuchamos, de él aprendemos y seguimos su ejemplo.

Cuando vivimos como Jesús, nos hacemos más fuertes. Cuando Dios es lo primero para nosotros, podemos enfrentarnos a quienes quieren que hagamos cosas malas o incorrectas.

> *"Todo el que oiga estas palabras mías y las ponga en práctica, será como el hombre prudente que edificó su casa sobre roca: cayó la lluvia, vinieron los torrentes, soplaron los vientos, y embistieron contra aquella casa; pero ella no cayó, porque estaba cimentada sobre roca".*
>
> Mateo 7:24–25

Tu conciencia es tu guía

¿Cómo sabes si has tomado la decisión correcta? ¿Qué te dice si alto es correcto o incorrecto?

A veces lo sabes porque tus padres u otros adultos en los que confías te lo han dicho. A veces Jesús, a través de la Iglesia, nos ayuda a explicarnos por qué algo es bueno o malo para nosotros. Nuestra habilidd para reconocer si algo es bueno o malo con la ayuda de la Iglesia, de adultos en los que confiamos y del Espíritu Santo, recibe el nombre de **conciencia**. Tu conciencia es el Espíritu Santo que le habla a tu corazón para ayudarte a adoptar las decisiones correctas.

¿Cómo logras darte cuenta de qué debes hacer porque es lo correcto?

La Iglesia también nos ayuda

Jesús pidió a sus apóstoles que prestaran atención a todo lo que les enseñaba. Antes de regresar al cielo, Jesús dio a los apóstoles y a las personas que decidieran seguirlos, autoridad para hablar y actuar en su nombre. Los apóstoles utilizaron las enseñanzas y el ejemplo de Jesús para guiar la Iglesia.

Hoy en día, el papa, los obispos y los sacerdotes continúan la obra de los apóstoles. A ellos los guían Jesús y el Espíritu Santo. El mundo ha cambiado mucho desde los tiempos de Jesús y es por eso que el papa y los obispos usan las doctrinas de Jesús para ayudarnos a vivir a la manera de Jesús en un mundo que es hoy un lugar diferente.

Las enseñanzas del papa y los obispos deberán servirnos de guía para nuestras decisiones y para eliminar las confusiones sobre qué es correcto y qué es incorrecto.

Tal como Jesús nos enseñó, ¡todo lo que hagamos deberá ser hecho con amor por Dios y por los demás!

LOS MANDAMIENTOS, EN ORDEN

Pon los Mandamientos en orden escribiendo un número del 1 al 10 en la rayita que hay antes de cada uno.

________ No mentirás.

________ No robarás.

________ No usarás el nombre de Dios de forma incorrecta o mala.

________ Santificarás el domingo.

________ Serás leal a tu cónyuge.

________ No envidiarás lo que otro posea.

________ No envidiarás a otro los miembros de su familia.

________ Obedecerás a tu padre y tu madre.

________ Ama a Dios más que cualquier otra cosa o persona.

________ No matarás.

Resumen

- Jesús es nuestro ejemplo de cómo llevar una vida moral.
- Debemos reflexionar sobre nuestras decisiones.
- Tenemos que formar nuestra conciencia.

***Jornada de Fe para Niños, Catecumenado, C13* (827020)**

Imprimi Potest: Stephen T. Rehrauer, CSsR, Provincial de la Provincia de Denver, Redentoristas.

Imprimatur: "Conforme al *CIC* 827, el 13 de julio de 2017, el reverendo Mark S. Rivituso, obispo auxiliar de la archidiócesis de St. Louis, concedió el permiso de publicación. El Imprimátur es un permiso para la publicación que indica que la obra no contiene contradicciones con las enseñanzas de la Iglesia Católica, sin embargo no implica la aprobación de las opiniones que se expresan en ella. Con este permiso no se asume ninguna responsabilidad".

Jornada de Fe © 2000, 2017 Liguori Publications, Liguori, MO 63057. Para hacer pedidos, visite Liguori.org o llame al 800-325-9521. Liguori Publications, corporación no lucrativa, es un apostolado de los Redentoristas. Para saber más acerca de los Redentoristas visite Redemptorists.com.

Edición del 2017: Theresa Nienaber-Panuski and Pat Fosarelli, MD, DMin.

Diseño y producción: Wendy Barnes, John Krus, Lorena Mitre Jimenez, Bill Townsend. Ilustraciones: Jeff Albrecht.

Impreso en los Estados Unidos de América. Tercera edición.

LIBROS LIGUORI

Jornada de Fe

enredaron más! Toda esa confusión llevó a que Martín Lutero y otros se separaran de la Iglesia y formaran sus propias iglesias. Esas iglesias de nueva creación fueron llamadas **protestantes** porque fueron fundadas por personas que protestaron contra lo que estaba pasando en ese entonces en la Iglesia.

La familia se ha desarrollado

Algunos grupos católicos crearon órdenes religiosas. Las **órdenes religiosas** son grupos de hombres y mujeres que viven juntos y se centran en una espiritualidad específica o en determinada forma de servir a Dios. Algunas de las actuales órdenes religiosas son las de los jesuitas, los franciscanos, los redentoristas y los dominicos. Ellos se dedican a enseñar en escuelas, ayudar en hospitales, predicar y llevar una vida de oración.

Otros eligen convertirse en misioneros. Los **misioneros** van a lugares distantes a difundir la buena nueva y servir a los pobres. Muchas comunidades misioneras están todavía activas en la actualidad.

La Iglesia del siglo veinte

En 1959, el papa Juan XXIII convocó a una reunión de obispos, laicos y líderes de otras comunidades cristianas para una reunión conocida como **Vaticano II**. Esa reunión tuvo como resultado importantes anuncios, entre los que se cuentan:

- Los laicos debían estar más involucrados en el trabajo de la Iglesia y ayudar a los sacerdotes durante la celebración de la misa con la proclamación de la primera y la segunda lecturas, la dirección de los cantos y la organización de las celebraciones de la Iglesia.
- La misa podría celebrarse en el idioma del pueblo participante en ella (como en el caso del idioma inglés) y no solo en latín.
- Debía estimularse al pueblo a estudiar la Biblia y dedicar más tiempo al aprendizaje de su fe.
- La familia de la Iglesia continuaría ayudando a los necesitados, promoviendo la educación y combatiendo el egoísmo.
- A pesar de los desacuerdos del pasado, la Iglesia está dispuesta a trabajar con otras religiones y con personas no religiosas para poner fin a las cosas malas que, como el aborto, la guerra y la pobreza, están presentes en el mundo.

La Iglesia de hoy

La Iglesia trabaja muy duro para preservar la verdad. El mundo ha cambiado mucho desde los tiempos de Jesús, pero nuestro Dios y nuestra fe continúan siendo los mismos.

- Dios Padre es el creador.
- Dios Hijo nos salvó y nos dio los sacramentos, especialmente la Eucaristía.
- Dios Espíritu Santo está siempre al frente de la Iglesia, en los buenos y los malos tiempos.
- La Iglesia sigue inspirando al pueblo mediante la Palabra de Dios expresada en las Escrituras.

¿Quién es quién y qué es qué?

Determina si cada una de las palabras que aparecen a continuación corresponde a una persona, una orden religiosa, una iglesia cristiana o un suceso de la historia de la Iglesia. Escríbela entonces en la columna correcta.

Ambrosio **Constantino** **Concilio** **Franciscana**

Jesuita **Luterana** **Orthodoxa** **Cisma**

Persona	Órdenes / Grupos	Iglesias	Acontecimientos

Resumen

- La Iglesi`a tiene una historia variada y rica.
- Los santos y las órdenes religiosas ayudaron a edificar la Iglesia.
- El Espíritu Santo guía la Iglesia.

***Jornada de Fe para Niños, Catecumenado, C12* (827020)**

Imprimi Potest: Stephen T. Rehrauer, CSsR, Provincial de la Provincia de Denver, Redentoristas.

Imprimatur: "Conforme al *CIC* 827, el 13 de julio de 2017, el reverendo Mark S. Rivituso, obispo auxiliar de la archidiócesis de St. Louis, concedió el permiso de publicación. El Imprimátur es un permiso para la publicación que indica que la obra no contiene contradicciones con las enseñanzas de la Iglesia Católica, sin embargo no implica la aprobación de las opiniones que se expresan en ella. Con este permiso no se asume ninguna responsabilidad".

Jornada de Fe © 2000, 2017 Liguori Publications, Liguori, MO 63057. Para hacer pedidos, visite Liguori.org o llame al 800-325-9521. Liguori Publications, corporación no lucrativa, es un apostolado de los Redentoristas. Para saber más acerca de los Redentoristas visite Redemptorists.com.

Edición del 2017: Theresa Nienaber-Panuski and Pat Fosarelli, MD, DMin.

Diseño y producción: Wendy Barnes, John Krus, Lorena Mitre Jimenez, Bill Townsend. Ilustraciones: Jeff Albrecht.

Impreso en los Estados Unidos de América. Tercera edición.

El cumpleaños de la Iglesia
Hechos 2

Los discípulos estaban rezando en una habitación en los altos de una casa. Ellos no sabían cómo iban a edificar la Iglesia de Jesús. Necesitaban ayuda.

De pronto, un gran ruido, como de un fuerte viento, llenó la casa. El Espíritu Santo vino en forma de llama y se posó sobre sus cabezas. El Espíritu Santo dio a los apóstoles el valor para que hablasen por Jesús. Salieron y comenzaron a predicar. Cientos de miles creyeron en la Palabra de Jesús y se unieron a la Iglesia.

Celebramos ese día como el del cumpleaños de la Iglesia o **Pentecostés**.

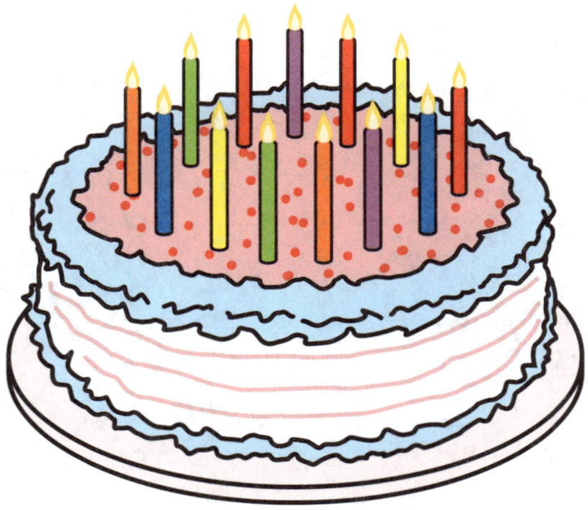

Un hombre llamado Saulo

En los primeros tiempos de la Iglesia era peligroso ser cristiano. Dondequiera que los apóstoles intentaban predicar o la Iglesia de los inicios intentaba crecer, el **Imperio Romano** emprendía la **persecución** a los cristianos. Eso significaba que los arrestaban, les hacían daño o los mataban por el simple hecho de ser cristianos.

Había un judío llamado Saulo que era realmente malo con los cristianos. Iba a sus casas y los llevaba a rastras para la prisión. Todos los cristianos le temían a Saulo.

Un día, Saulo salió a arrestar a más cristianos:

> *De repente le rodeó una luz venida del cielo, cayó en tierra y oyó una voz que le decía: "Saúl, Saúl, ¿por qué me persigues?" El respondió: "¿Quién eres, Señor?" Y él: "Yo soy Jesús, a quien tú persigues. Pero levántate, entra en la ciudad y se te dirá lo que debes hacer".*
>
> Hechos 9:3–6

Los hombres que acompañaban a Saulo también oyeron la voz pero no vieron a nadie. Cuando Saulo se puso de pie, no veía. Los hombres con los que estaba tuvieron que conducirlo a lo largo del camino.

Después Dios envió a un hombre llamado Ananías a donde Saulo. Ananías sabía todo lo que Saulo había hecho y no quería ir. Dios le dijo entonces, "Ve, pues éste me es un instrumento de elección que lleve mi nombre a (todos)..." (9:15). Mediante el poder de Dios, Ananías sanó a Saulo. Dios le cambió el nombre a este y Saulo pasó a llamarse Pablo. Pablo se convirtió en uno de los principales predicadores que haya tenido la Iglesia. Sus escritos, junto con los Evangelios, forman la mayor parte del Nuevo Testamento.

Llenas los espacios en blanco

Completa las siguientes oraciones seleccionando de las listas que aparecen a continuación una palabra que comienza con A o con P.

Palabras con A

Abogado

Ananías

Apóstoles

Ascensión

Palabras con P

Pablo

Pentecostés

Predicación

Prometió

Jesús convocó a doce ______________________ y los preparó para

el ministerio de la ______________________ .

En ______________________ , Jesús envió al ______________________

a la casa en la que se encontraban.

______________________ quedó ciego pero fue curado

por ______________________ .

Antes de la ______________________ ,

Jesús ______________________ enviar al Espíritu.

Resumen

- La Iglesia Católica se desarrolló a lo largo del tiempo.
- Los santos Pedro y Pablo fueron los líderes de la Iglesia de los inicios.
- Los cristianos de la Iglesia de los inicios fueron víctimas de la persecución.

Jornada de Fe para Niños, Catecumenado, C11 (827020)

Imprimi Potest: Stephen T. Rehrauer, CSsR, Provincial de la Provincia de Denver, Redentoristas.

Imprimatur: "Conforme al *CIC* 827, el 13 de julio de 2017, el reverendo Mark S. Rivituso, obispo auxiliar de la archidiócesis de St. Louis, concedió el permiso de publicación. El Imprimátur es un permiso para la publicación que indica que la obra no contiene contradicciones con las enseñanzas de la Iglesia Católica, sin embargo no implica la aprobación de las opiniones que se expresan en ella. Con este permiso no se asume ninguna responsabilidad".

Jornada de Fe © 2000, 2017 Liguori Publications, Liguori, MO 63057. Para hacer pedidos, visite Liguori.org o llame al 800-325-9521. Liguori Publications, corporación no lucrativa, es un apostolado de los Redentoristas. Para saber más acerca de los Redentoristas visite Redemptorists.com.

Edición del 2017: Theresa Nienaber-Panuski and Pat Fosarelli, MD, DMin.

Diseño y producción: Wendy Barnes, John Krus, Lorena Mitre Jimenez, Bill Townsend. Ilustraciones: Jeff Albrecht.

Impreso en los Estados Unidos de América. Tercera edición.

LIBROS LIGUORI

Jornada de Fe

Moisés
Libro del Éxodo

Las doce familias de Israel crecieron y pasaron a ser conocidas como los israelitas. Muchos años después, a un nuevo faraón comenzó a preocuparse porque había demasiados israelitas. El faraón los convirtió en esclavos y ordenó la muerte de todos sus recién nacidos. Una madre escondió a su hijo en un cesto que depositó en el río. La hija del faraón encontró al bebé y le puso Moisés. Ella crió a Moisés como hijo suyo pero cuando él creció, se metió en problemas y huyó.

Dios le dijo a Moisés que regresara a Egipto y dijera al faraón que liberara a los israelitas. Moisés tenía miedo del poder del faraón, así que Dios le permitió llevar consigo a su hermano Aarón. Cuando el faraón se negó a liberar a los israelitas, Dios les envió diez **plagas**, que fueron cosas que causaron problemas a los egipcios hasta que los israelitas pudieron, al fin, partir (Éxodo 7—12).

Entonces Dios apartó las aguas del mar para que los israelitas pudieran cruzarlo sin peligro (Éxodo 14) y les envió maná (pan) del cielo para que tuviera alimento durante su viaje (Éxodo 16).

¿Cómo sigue Dios protegiendo a los descendientes de Abraham?

¿Qué otro "pan del cielo" nos ha enviado Dios a nosotros?

El camino hacia la libertad

Después de salir de Egipto, el pueblo de Dios viajo por el desierto durante ¡cuarenta años! Estaban cansados y hambrientos y, a veces, perdían la fe en Dios. Se quejaban mucho a Moisés. Sin embargo, Dios permaneció junto a ellos y los cuidó hasta que llegaron a la Tierra Prometida. Se puede leer más acerca de ese viaje en Éxodo, en Números y en el Deuteronomio.

David
1 Samuel 16—17

Samuel fue un profeta. Un día, Dios dijo a Samuel que ungiera un rey para dárselo a su pueblo. Dios lo envió a Jesé, un hombre de Belén que tenía ocho hijos. David era el más joven de ellos, era un pastorcito. Cuando Samuel lo vio, Dios dijo, "Levántate y úngelo, porque éste es" (16:12).

Estando los israelitas en guerra con los filisteos, un filisteo alto y fuerte llamado Goliat alardeaba de que él podría derrotar a cualquiera. David era valeroso y se dispuso a luchar contra él. David no contaba más que con una honda y cinco piedras. ¡Ni siquiera tenía una armadura! Pero David tenía a Dios. ¡Dios se valió de David para hacer algo grandioso! Con su honda, David dio una pedrada a Goliat en la cabeza y ganó la batalla.

¿Qué nos enseña la historia de David acerca de la opinión de Dios sobre el poder y la realeza?

¿Dónde más nos muestra Dios su opinión acerca del poder y la realeza?

Quién es quién en el Antiguo Testamento

Cada una de las personas de la columna de la izquierda es la protagonista de una historia bíblica. A cada una de ellas corresponde uno de los papeles que aparecen en la columna derecha. Enlaza a la persona con su papel.

Abraham	Fue vendido como esclavo
Moisés	Madre de Isaac
David	Hermano de Moisés
Aarón	Esposa de Isaac
Sara	Sacó de Egipto a los israelitas
José	Padre de los israelitas
Rebeca	Un gran rey

Resumen

- El Antiguo Testamento y el Nuevo Testamento son registros clave de la historia de nuestra salvación.
- El Nuevo Testamento es la continuación del Antiguo Testamento.
- Nosotros compartimos una historia común con nuestros antecesores en la fe.

***Jornada de Fe para Niños, Catecumenado, C10* (827020)**

Imprimi Potest: Stephen T. Rehrauer, CSsR, Provincial de la Provincia de Denver, Redentoristas.

Imprimatur: "Conforme al *CIC* 827, el 13 de julio de 2017, el reverendo Mark S. Rivituso, obispo auxiliar de la archidiócesis de St. Louis, concedió el permiso de publicación. El Imprimátur es un permiso para la publicación que indica que la obra no contiene contradicciones con las enseñanzas de la Iglesia Católica, sin embargo no implica la aprobación de las opiniones que se expresan en ella. Con este permiso no se asume ninguna responsabilidad".

Jornada de Fe © 2000, 2017 Liguori Publications, Liguori, MO 63057. Para hacer pedidos, visite Liguori.org o llame al 800-325-9521. Liguori Publications, corporación no lucrativa, es un apostolado de los Redentoristas. Para saber más acerca de los Redentoristas visite Redemptorists.com.

Edición del 2017: Theresa Nienaber-Panuski and Pat Fosarelli, MD, DMin.

Diseño y producción: Wendy Barnes, John Krus, Lorena Mitre Jimenez, Bill Townsend. Ilustraciones: Jeff Albrecht.

Impreso en los Estados Unidos de América. Tercera edición.

LIBROS LIGUORI

Jornada de Fe

Grados de las órdenes sagradas

El conjunto de todos los hombres ordenados recibe el nombre de **clero**. Debido a que la ordenación ha pasado de Jesús a Pedro, a los apóstoles, y así sucesivamente, cada uno de los miembros del clero está relacionado con nuestros líderes cristianos y con los antecesores. Son tres los grados de la ordenación:

- Los obispos son los sucesores de los apóstoles. Ellos dirigen una diócesis o un departamento especial de la Iglesia. Ellos transmiten a su comunidad las doctrinas de Dios de forma que les resulten comprensibles. Los obispos pueden celebrar todos los sacramentos y no pueden casarse.
- Los sacerdotes son los ayudantes del obispo local. Ellos guían al pueblo de Dios en el culto y le guían espiritualmente. Los sacerdotes pueden celebrar los sacramentos del Bautismo, la Eucaristía, la Penitencia, la Unción de los Enfermos, el Matrimonio y, en algunas ocasiones, la Confirmación. Los sacerdotes no pueden casarse.

- Hay dos tipos de diáconos. Unos diáconos se están entrenando para ser sacerdotes. Se les llama **diáconos transicionales** porque se encuentran preparándose para pasar de diácono a sacerdote. Los diáconos transicionales no pueden casarse. Algunos diáconos desean permanecer como tales toda su vida. A ellos se les llama **diáconos permanentes**. Un diácono permanente puede tener esposa si es que estaba casado antes de ser ordenado. Los diáconos pueden ser los líderes oficiales que representan a la Iglesia, o actúan como testigos de ella, en bautizos, matrimonios y funerales. Los diáconos también pueden predicar y asistir al sacerdote en la misa.

¿Cómo se desarrolla la celebración de este sacramento?

Durante la celebración del sacramento del Orden Sacerdotal, la persona que está siendo ordenada pasa por momentos especiales:

- La ***investidura*** o acción de vestirle con una estola o casulla. El diácono viste una estola y una dalmática. El sacerdote viste una casulla. Llevarlas sobre sus vestimentas son el signo de que diáconos y sacerdotes adquieren una nueva identidad con su ordenación.
- La ***imposición de las manos.*** Jesús impuso sus manos en sus apóstoles para darles poder para llevar adelante su trabajo. ¡Desde ese entonces la Iglesia viene haciendo eso! Con esta acción se muestra que Jesús está compartiendo su poder.
- La ***unción de las manos***. En la Biblia, las personas eran ungidas con aceite bendecido antes de emprender alguna tarea especial. Por Dios, la persona ordena también realizará muchas tareas especiales.
- La ***presentación del cáliz o de los Evangelios.*** Al sacerdote se le obsequia el cáliz que usará en misa. Al diácono se le obsequia un libro de los Evangelios que leerá durante la misa.

¡Lo que no puede faltar!

¿Qué creen que hace falta para ser sacerdote o diácono? En la primera columna pon las cosas que un sacerdote o diácono pudiera necesitar. En la segunda columna pon las cualidades de un buen sacerdote o diácono. La primera fila la hemos hecho para ti.

Cosas que necesita un sacerdote o diácono	Cualidades de un sacerdote o diácono
Un ejemplar de la Biblia	Buen oyente

Resumen

- Las órdenes sacerdotales son tres.
- Las órdenes sacerdotales tienen sus raíces en la Biblia y en la Iglesia de los inicios.
- El diaconado es el paso previo al sacerdocio.

***Jornada de Fe para Niños, Catecumenado, C9* (827020)**

Imprimi Potest: Stephen T. Rehrauer, CSsR, Provincial de la Provincia de Denver, Redentoristas.

Imprimatur: "Conforme al *CIC* 827, el 13 de julio de 2017, el reverendo Mark S. Rivituso, obispo auxiliar de la archidiócesis de St. Louis, concedió el permiso de publicación. El Imprimátur es un permiso para la publicación que indica que la obra no contiene contradicciones con las enseñanzas de la Iglesia Católica, sin embargo no implica la aprobación de las opiniones que se expresan en ella. Con este permiso no se asume ninguna responsabilidad".

Jornada de Fe © 2000, 2017 Liguori Publications, Liguori, MO 63057. Para hacer pedidos, visite Liguori.org o llame al 800-325-9521. Liguori Publications, corporación no lucrativa, es un apostolado de los Redentoristas. Para saber más acerca de los Redentoristas visite Redemptorists.com.

Edición del 2017: Theresa Nienaber-Panuski and Pat Fosarelli, MD, DMin.

Diseño y producción: Wendy Barnes, John Krus, Lorena Mitre Jimenez, Bill Townsend. Ilustraciones: Jeff Albrecht.

Impreso en los Estados Unidos de América. Tercera edición.

LIBROS LIGUORI

Jornada de Fe

¿Qué piensas tú que hace falta para permanecer casados por toda la vida? Menciona a continuación algunas de esas cosas.

____

____

____

____

____

____

____

Casados para siempre

Cuando dos personas se casan ante Dios, su matrimonio es para toda la vida. Vivir día a día ese amor, requiere de mucho esfuerzo. Se necesita también de la ayuda de Dios.

Pero, en ocasiones, un matrimonio llega al divorcio. Después de un divorcio, la Iglesia examina ese matrimonio para determinar si, al momento de su boda, el marido y la mujer tenían realmente conciencia de lo que significaban sus promesas. Si eran demasiado jóvenes, no tenían conciencia del significado de sus votos, o no tenían intención de cumplirlos, la Iglesia les concederá la anulación. La **anulación** dice que el matrimonio no fue realmente un sacramento porque en él faltaba algo esencial para el matrimonio.

Después de una anulación es concedida, ambas personas quedan en libertad para casarse. Si uno de ellos se vuelve a casar, la Iglesia bendecirá esa nueva unión como un sacramento.

Aun en el caso de que un matrimonio termine en divorcio y anulación, Dios sigue estando presente en esa familia. Dios no deja de amar ni a los padres ni a los hijos porque el matrimonio no fuera un sacramento. Los acuerdos a los que las parejas separadas lleguen respecto a dónde vivirán o con quién sus hijos vivirán deberán ser establecidos con el mismo amor que Dios siente por ellos.

Otros tipos de uniones

A veces dos hombres, dos mujeres o incluso más de dos personas piden casarse o formar juntos una unión. Puede que una unión de ese tipo sea legal, pero no podrá nunca ser un verdadero matrimonio porque este solo puede producirse entre un hombre y una mujer.

El amor matrimonial mantiene unida a la familia y la hace crecer mediante el nacimiento y la crianza de los hijos. Los esposos y esposas cristianos prometen que aceptarán la llegada de hijos a la familia. Esa unión de dos personas que crean nuevas vidas es la imagen que tiene Dios del matrimonio.

NOTICIAS DE LA LOCALIDAD

Haz el papel de reportero. Busca una pareja casada y hazles pregunta sobre su matrimonio. Escribe lo que averigües.

He aquí algunas de las preguntas con las que comenzar:

- ¿Cómo se conocieron?
- ¿Por cuánto tiempo estuvieron saliendo antes de decidir casarse?
- ¿Qué es lo mejor del matrimonio?
- ¿Qué es lo más difícil del matrimonio?
- ¿Cómo está Dios presente en su matrimonio?

Resumen

- El matrimonio es un reflejo del misterio pascual.
- El matrimonio es un reflejo del amor de la Trinidad.
- El matrimonio tiene muchas características espirituales.

Jornada de Fe para Niños, Catecumenado, C8 (827020)

Imprimi Potest: Stephen T. Rehrauer, CSsR, Provincial de la Provincia de Denver, Redentoristas.

Imprimatur: "Conforme al *CIC* 827, el 13 de julio de 2017, el reverendo Mark S. Rivituso, obispo auxiliar de la archidiócesis de St. Louis, concedió el permiso de publicación. El Imprimátur es un permiso para la publicación que indica que la obra no contiene contradicciones con las enseñanzas de la Iglesia Católica, sin embargo no implica la aprobación de las opiniones que se expresan en ella. Con este permiso no se asume ninguna responsabilidad".

Jornada de Fe © 2000, 2017 Liguori Publications, Liguori, MO 63057. Para hacer pedidos, visite Liguori.org o llame al 800-325-9521. Liguori Publications, corporación no lucrativa, es un apostolado de los Redentoristas. Para saber más acerca de los Redentoristas visite Redemptorists.com.

Edición del 2017: Theresa Nienaber-Panuski and Pat Fosarelli, MD, DMin.

Diseño y producción: Wendy Barnes, John Krus, Lorena Mitre Jimenez, Bill Townsend. Ilustraciones: Jeff Albrecht.

Impreso en los Estados Unidos de América. Tercera edición.

LIBROS LIGUORI

Jornada de Fe

El abuelito de Tomás: una historia sobre la unción

"¿Puedo hablar de lo que le sucedió a mi abuelito?" preguntó Tomás.

La señora Evans asintió.

"Bueno, mi abuelito estaba muy enfermo y quiso que un sacerdote viniera y rezara con él. El sacerdote hizo todo eso que tiene que ver con la unión de los enfermos. Yo creí que él iba a mejorar".

"Toda nuestra familia estaba allí. Todos estábamos parados alrededor de la cama de abuelito y rezábamos mientras el sacerdote le ungía las manos y los pies. Mi abuelito nos dijo que recordáramos que Dios nos ama a todos y que él amaba a Dios. Entonces mi abue dijo que estaba en paz y que estaba contento de que toda su familia estuviese con él".

"Pero se murió", dijo Tomás arrugando la frente. "Yo creía que se suponía que el sacerdote lo mejorara. Me enojé mucho con el sacerdote y con Dios. ¿Por qué no mejoró si le habían dado el sacramento?"

"Esa es una pregunta muy difícil, Tomás", dijo la señora Evans. "Sentimos un gran dolor cuando una persona a la que queremos muere. La extrañamos mucho. Nos preguntamos por qué Dios no la mejoró. Pero Dios nos ama mucho a todos. Cuando la unción de los enfermos no hace que la persona mejore, eso no significa que el sacramento no haya servido de nada. Dios está ayudando a esa persona de una manera diferente y que la ayudará en el viaje que ha emprendido para reunirse con él en el cielo".

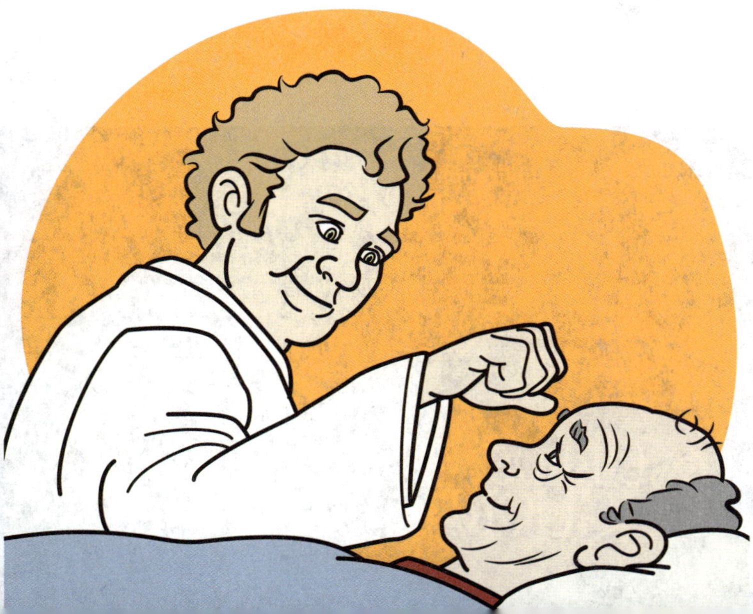

¿Sana la unción a la persona enferma?

No es lo mismo sanar a alguien que curarlo. La **curación** quita la enfermedad o discapacidad física. La **sanación** es algo más profundo. Cuando alguien es sanado mediante la unción de los enfermos, él o ella recibe:

- El valor y la fuerza para sufrir, tal como Jesús tuvo el valor y la fuerza de soportar su crucifixión.
- La gracia que prepara su alma, su mente y su cuerpo para reunirse con Jesús en el cielo.
- La paz especial que viene de saber que sus pecados han sido perdonados y que todo va a salir bien.
- Un recordatorio de que Dios está siempre cuidando de nosotros.

A veces, alguien puede curarse mediante el sacramento de la Unción de los Enfermos. Así todo, aunque una persona no cure, Dios cuida de ella y la va preparando para algo mucho más importante.

Escribe el nombre de alguna persona enferma que conozcas.

____

Di ahora una oración especial por esa persona. Recuerda rezar por ella esta semana.

¿Sanación o curación?

Piensa en cada una de estas situaciones y decide si se trata de una sanación, una curación, o de ambas cosas. Entonces escribe el número de cada situación en el círculo que le corresponda.

1. Jesús perdona sus pecados al paralítico y le ayuda a caminar de nuevo.
2. Jesús devuelve la vista al ciego.
3. Un médico enyesa la pierna de alguien que se la fracturó y la pierna mejora.
4. Una persona con cáncer está muy deprimida. Un sacerdote reza con él o ella y esa persona comienza a sentirse mejor aunque sigue enferma.
5. Tú estás triste porque tu abuelito está enfermo. Tú rezas con él y tu abuelito comienza a sentirse mejor.
6. Tu amigo tiene fiebre pero después de tomar una medicina ya está listo para volver a la escuela.

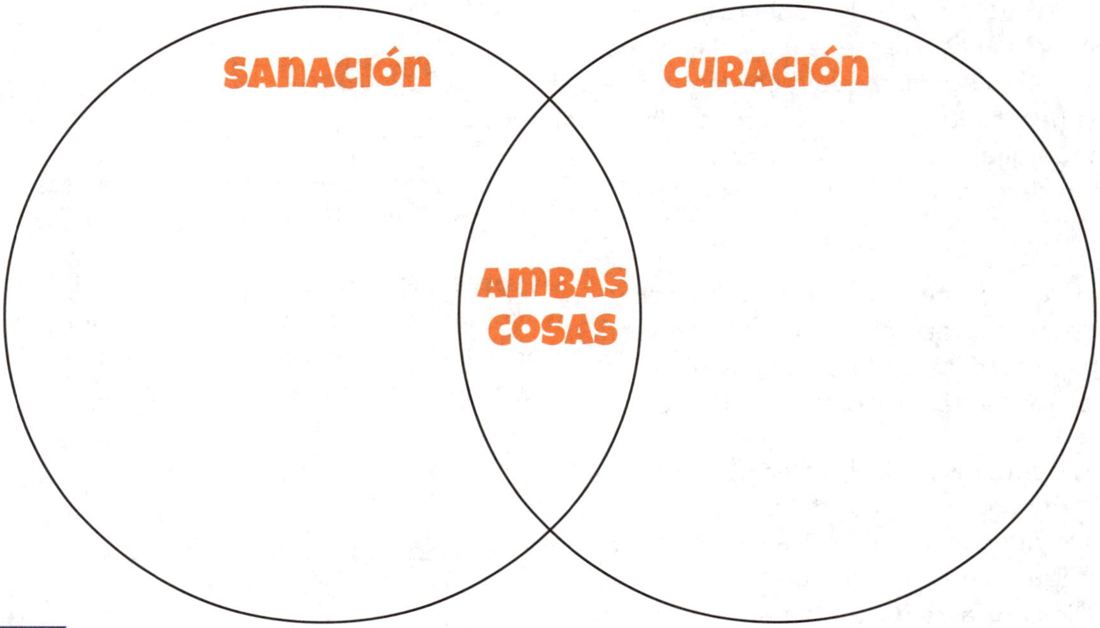

Resumen

- La unción proviene del ministerio de sanación de Jesús.
- El sacramento se realiza siguiendo unos pasos básicos.
- El sacramento es más que la preparación para la muerte.

***Jornada de Fe para Niños, Catecumenado, C7* (827020)**

Imprimi Potest: Stephen T. Rehrauer, CSsR, Provincial de la Provincia de Denver, Redentoristas.

Imprimatur: "Conforme al *CIC* 827, el 13 de julio de 2017, el reverendo Mark S. Rivituso, obispo auxiliar de la archidiócesis de St. Louis, concedió el permiso de publicación. El Imprimátur es un permiso para la publicación que indica que la obra no contiene contradicciones con las enseñanzas de la Iglesia Católica, sin embargo no implica la aprobación de las opiniones que se expresan en ella. Con este permiso no se asume ninguna responsabilidad".

Jornada de Fe © 2000, 2017 Liguori Publications, Liguori, MO 63057. Para hacer pedidos, visite Liguori.org o llame al 800-325-9521. Liguori Publications, corporación no lucrativa, es un apostolado de los Redentoristas. Para saber más acerca de los Redentoristas visite Redemptorists.com.

Edición del 2017: Theresa Nienaber-Panuski and Pat Fosarelli, MD, DMin.

Diseño y producción: Wendy Barnes, John Krus, Lorena Mitre Jimenez, Bill Townsend. Ilustraciones: Jeff Albrecht.

Impreso en los Estados Unidos de América. Tercera edición.

LIBROS LIGUORI

Jornada de Fe

Dios perdona

¿Te diste cuenta de que, antes de que el hijo le pidiera perdón, ya el padre le había perdonado? Así ocurre con Dios y nosotros. En el sacramento de la penitencia, podemos hablar de las cosas de las que nos arrepentimos y de cosas que desearíamos no haber hecho jamás. El sacerdote nos recuerda el amor misericordioso que Dios siente por nosotros y nos dice cómo corregir nuestra amistad con Dios y con cualquiera que hubiéramos lastimado.

Lee las siguientes historias acerca de la capacidad de perdón de Jesús.

- Lucas 7:36–50

¿Cómo pidió perdón la mujer?

¿Qué hizo Jesús?

- Lucas 19:1–10

¿Cómo pidió perdón Zaqueo?

¿Qué hizo Jesús?

¿Cómo se desarrolla la Reconciliación?

1. Entra al **confesionario**, un pequeño local o espacio en el que se encuentra sentado el sacerdote.
2. Saluda al sacerdote y di, "Bendíceme padre, porque he pecado". Entonces dile al sacerdote que es tu primera confesión (o cuánto tiempo ha pasado desde tu última confesión).
3. Menciona los pecados de los que te sientas arrepentido. No te preocupes por mencionar los detalles de cada uno. Solo tienes que explicar lo que hiciste y por qué te arrepientes de ello.
4. Escucha con atención los consejos que te dé el sacerdote.
5. El sacerdote te pondrá una penitencia. Una **penitencia** es una acción u oración sencilla que puede ayudarte a corregir lo que hiciste y a reparar las amistades dañadas. Tu penitencia también te ayudará a acercarte más a Dios.
6. Di una oración de "Acto de Contrición". Tu catequista o el sacerdote te entregarán una copia.
7. El sacerdote orará por ti y Dios, a través del sacerdote, te **absolverá** de tus pecados, lo que significa que tus pecados serán borrados mediante una oración especial de absolución que finaliza con el signo de la cruz. Este signo también te concede la gracia especial de vivir más a la manera de Jesús.
8. ¡Eres realmente perdonado! Da las gracias al sacerdote al salir y ¡ve a cumplir tu penitencia!

DECODIFICA EL MENSAJE

Tacha las letras impares de cada palabra. Te quedarán entonces las palabras que forman una oración relacionada con esta lección.

TÉAL REISOTOASBEA APHEKRGDKIRDQO AY

THJA ASOILDJO OHGAMLYLZABDNO

"___ ___   ___ ___ ___ ___ ___ ___

___ ___ ___ ___ ___ ___ ___   ___

___ ___   ___ ___ ___ ___   ___ ___ ___ ___ ___ ___ ___".

(Lucas 15:24, 32)

Resumen

- Ningún pecado queda oculto a Dios.
- El pecado tiene consecuencias que no se limitan al pecador.
- La penitencia tiene su fundamento en la Escritura.

***Jornada de Fe para Niños, Catecumenado, C6* (827020)**

Imprimi Potest: Stephen T. Rehrauer, CSsR, Provincial de la Provincia de Denver, Redentoristas.

Imprimatur: "Conforme al *CIC* 827, el 13 de julio de 2017, el reverendo Mark S. Rivituso, obispo auxiliar de la archidiócesis de St. Louis, concedió el permiso de publicación. El Imprimátur es un permiso para la publicación que indica que la obra no contiene contradicciones con las enseñanzas de la Iglesia Católica, sin embargo no implica la aprobación de las opiniones que se expresan en ella. Con este permiso no se asume ninguna responsabilidad".

Para hacer pedidos, visite Liguori.org o llame al 800-325-9521. Liguori Publications, corporación no lucrativa, es un apostolado de los Redentoristas. Para saber más acerca de los Redentoristas visite Redemptorists.com.

Edición del 2017: Theresa Nienaber-Panuski and Pat Fosarelli, MD, DMin.

Diseño y producción: Wendy Barnes, John Krus, Lorena Mitre Jimenez, Bill Townsend. Ilustraciones: Jeff Albrecht.

Impreso en los Estados Unidos de América. Tercera edición.

LIBROS LIGUORI

Jornada de Fe

Cuando el sacerdote invoca al Espíritu Santo en la misa, Dios hace que Jesús esté tan presente como la persona que está sentada junto a nosotros en el banco. Lo que vemos y tocamos dirige nuestra atención hacia algo que permanece invisible. Cuando comemos de su Cuerpo y bebemos de su Sangre, Jesús entra en nuestros corazones para ayudarnos a vivir su amor.

La Eucaristía sigue viéndose y sabiendo a pan y vino aunque estos han sido transformados. Eso se debe a que es una **sustancia**, lo que algo es realmente. La sustancia cambia aunque su apariencia siga igual. No podemos explicar cómo sucede esto, pero lo creemos porque Jesús nos dijo que era cierto. Es un misterio de la fe. Solo Dios tiene la respuesta.

La promesa increíble

Jesús hizo una promesa especial acerca de la Eucaristía. Un día, mientras enseñaba a una gran multitud, dijo, "Yo soy el pan vivo, bajado del cielo. Si uno come de este pan, vivirá para siempre… y yo le resucitaré el último día" (Juan 6:51, 54).

Muchos no comprendieron lo que Jesús les estaba diciendo. "Es difícil creer eso", dijeron y se alejaron. Sin embargo, los discípulos se quedaron porque creyeron la promesa de Jesús acerca de la vida eterna. Ellos querían estar con ellos para siempre.

Jesús también te hace esa promesa a ti. Si comes de este pan, el Cuerpo de Cristo, vivirás para siempre con Dios en el cielo.

Un supertipo de amor

Después de la Última Cena, Jesús hizo exactamente lo que había prometido –sufrió y murió en la cruz por nosotros. Tiene que haber sido duro para su madre y sus amigos observar su sufrimiento, pero ¡imaginen su dicha cuando Jesús resucitó de entre los muertos el Domingo de Pascua! Ese día ellos conocieron el poder del amor de Jesús. Ellos supieron que su promesa de vida eterna se haría real.

Cuando recibimos la Eucaristía en la misa, recordamos que Jesús dio su vida por nosotros. Recordamos que su sacrificio nos da la vida eterna y nos salva de la muerte. Lo recordamos y damos gracias a Dios por darnos a Jesús. ¡Si hasta la palabra Eucaristía significa acción de gracias!

¡Gracias, Jesús!

¿Qué es lo que sabes?

Enumera tres cosas que aprendiste hoy sobre la Eucaristía.

1. ____________________

2. ____________________

3. ____________________

Enumera tres promesas que Jesús hizo con respecto a la Eucaristía.

1. ____________________

2. ____________________

3. ____________________

Resumen

- Estudiar el contexto escritural de la Eucaristía.
- Experimentar la Presencia Real de Cristo en la Eucaristía.
- Escuchar el llamado a imitar a Cristo.

***Jornada de Fe para Niños, Catecumenado, C5* (827020)**

Imprimi Potest: Stephen T. Rehrauer, CSsR, Provincial de la Provincia de Denver, Redentoristas.

Imprimatur: "Conforme al *CIC* 827, el 13 de julio de 2017, el reverendo Mark S. Rivituso, obispo auxiliar de la archidiócesis de St. Louis, concedió el permiso de publicación. El Imprimátur es un permiso para la publicación que indica que la obra no contiene contradicciones con las enseñanzas de la Iglesia Católica, sin embargo no implica la aprobación de las opiniones que se expresan en ella. Con este permiso no se asume ninguna responsabilidad".

Jornada de Fe © 2000, 2017 Liguori Publications, Liguori, MO 63057. Para hacer pedidos, visite Liguori.org o llame al 800-325-9521. Liguori Publications, corporación no lucrativa, es un apostolado de los Redentoristas. Para saber más acerca de los Redentoristas visite Redemptorists.com.

Edición del 2017: Theresa Nienaber-Panuski and Pat Fosarelli, MD, DMin.

Diseño y producción: Wendy Barnes, John Krus, Lorena Mitre Jimenez, Bill Townsend. Ilustraciones: Jeff Albrecht.

Impreso en los Estados Unidos de América. Tercera edición.

LIBROS LIGUORI

Jornada de Fe

Hará falta que escojas un **espónsor** para tu confirmación. Esa persona te ayudará a crecer como cristiano y será tu amigo o amiga espiritual. En la ceremonia de Confirmación, tu espónsor podrá su mano sobre tu hombro derecho y te presentará ante la Iglesia y Dios. Si necesitas algún consejo sobre la elección de un espónsor, pídele ayuda a tu catequista, a tu maestro del RICA o al párroco.

También se te pedirá que escojas un nombre de confirmación que te recuerde tu identidad como cristiano ya maduro en la fe. Puedes escoger el nombre de un santo que es muy querido por ti o, incluso, el mismo nombre que recibiste en el bautizo.

¿Cuál de las personas con las que te relacionas sería un buen espónsor o una buena espónsor para ti?

¿Qué nombre quieres tomar como nombre de confirmación?

Dones del Espíritu

El Espíritu Santo te concederá dones especiales con los que te ayudará a seguir a Jesús. A continuación aparecen algunos de los dones del Espíritu Santo (ver Isaías 11:2–3)

- ***Sabiduría:*** Cuando se es sabio, sabemos qué es cierto. También sabemos cómo se debe actuar en diferentes situaciones.
- ***Comprensión:*** Cuando mostramos la comprensión, que vemos todos los lados de una situación.
- ***Orientación (o consejo):*** Cuando hacemos uso del don de consejo, sabemos cómo ayudar a otras personas. Podemos dar consejos buenos y claros que lleven a otros a seguir a Dios.
- ***Conocimientos:*** Tener el don de ciencia es algo así como ser muy "leído" y saber mucho. Saber es tener la información que necesitamos para saber qué está pasando.
- ***Marvila y fascinación (o temor de Dios):*** Cuando usamos este don, respetamos a Dios y su creación, y a todas las cosas sagradas. ¡Nos damos cuenta de que Dios es maravilloso y genial!
- ***Reverencia (o piedad):*** La piedad o devoción nos lleva a mostrar reverencia, a mostrar respeto a Dios y su creación y a todas las cosas sagradas.

¿Cuál de los dones del Espíritu quisieras tener en este momento?

¿Quién lo posee?

Para cada uno de los dones del Espíritu Santo, escribe el nombre de alguien que tú conozcas y tenga ese don. Después escribe un ejemplo de cómo usa ese don.

Don	**¿Quién lo posee?**	**Ejemplo**
Sabiduría		
Comprensión		
Orientación (o consejo)		
Conocimientos		
Marvila y facinación (o temor de Dios)		
Piedad (o devoción)		

Resumen

- La Confirmación nos convierte en discípulos y testigos.
- Tu elección de espónsor y nombre de confirmación es importante.
- La Confirmación incluye muchas acciones y símbolos.

***Jornada de Fe para Niños, Catecumenado, C4* (827020)**

Imprimi Potest: Stephen T. Rehrauer, CSsR, Provincial de la Provincia de Denver, Redentoristas.

Imprimatur: "Conforme al *CIC* 827, el 13 de julio de 2017, el reverendo Mark S. Rivituso, obispo auxiliar de la archidiócesis de St. Louis, concedió el permiso de publicación. El Imprimátur es un permiso para la publicación que indica que la obra no contiene contradicciones con las enseñanzas de la Iglesia Católica, sin embargo no implica la aprobación de las opiniones que se expresan en ella. Con este permiso no se asume ninguna responsabilidad".

Jornada de Fe © 2000, 2017 Liguori Publications, Liguori, MO 63057. Para hacer pedidos, visite Liguori.org o llame al 800-325-9521. Liguori Publications, corporación no lucrativa, es un apostolado de los Redentoristas. Para saber más acerca de los Redentoristas visite Redemptorists.com.

Edición del 2017: Theresa Nienaber-Panuski and Pat Fosarelli, MD, DMin.

Diseño y producción: Wendy Barnes, John Krus, Lorena Mitre Jimenez, Bill Townsend. Ilustraciones: Jeff Albrecht.

Impreso en los Estados Unidos de América. Tercera edición.

LIBROS LIGUORI

Jornada de Fe

Después del bautismo, se te unge con el **aceite crismal**. Este es un aceite especial que ha sido bendecido por un obispo. Esta unción significa que eres parte del reino de Dios.

A continuación se te viste con una túnica o **vestimenta blanca** que muestra que eres una persona totalmente nueva y que te has dejado arropar por Jesús.

Por último, uno de tus padres, o tu padrino o madrina, encenderá una **vela** con el fuego de la gran vela pascual. Decimos que Jesús es la luz del mundo. Tu vela bautismal muestra que Jesús es también tu luz. Ahora eres un "hijo de la luz".

¿Y qué viene ahora?

Como nuevo católico...

- aprenderás sobre Jesús y el amor de Dios por nosotros leyendo la Biblia, participando en la misa dominical y asistiendo a las clases de educación religiosa.
- cumplirás los Diez Mandamientos, las leyes que Dios dio a su pueblo muchos miles de años atrás.
- recibirás los sacramentos dados por Jesús a su Iglesia.
- amarás a los demás como Dios te ha amado a ti.
- vivirás en la paz y felicidad de la familia de Dios, ¡y eso es lo mejor de todo!

SÍMBOLO Y SIGNO

Enlaza cada uno de los siguientes signos con su significado.

Aceite crismal 	Participación en la muerte y resurrección de Cristo
 Cirio Pascual	Nueva vida
Agua 	Pertenencia al reino de Dios
 Vestimenta blanca	Luz de Cristo
Tu vela bautismal 	Eliminación del pecado

Resumen

- El Bautismo es uno de los siete sacramentos.
- El Bautismo tiene fundamentos históricos y bíblicos.
- El bautismo tiene muchos símbolos importantes.

***Jornada de Fe para Niños, Catecumenado, C3* (827020)**

Imprimi Potest: Stephen T. Rehrauer, CSsR, Provincial de la Provincia de Denver, Redentoristas.

Imprimatur: "Conforme al *CIC* 827, el 13 de julio de 2017, el reverendo Mark S. Rivituso, obispo auxiliar de la archidiócesis de St. Louis, concedió el permiso de publicación. El Imprimátur es un permiso para la publicación que indica que la obra no contiene contradicciones con las enseñanzas de la Iglesia Católica, sin embargo no implica la aprobación de las opiniones que se expresan en ella. Con este permiso no se asume ninguna responsabilidad".

Jornada de Fe © 2000, 2017 Liguori Publications, Liguori, MO 63057. Para hacer pedidos, visite Liguori.org o llame al 800-325-9521. Liguori Publications, corporación no lucrativa, es un apostolado de los Redentoristas. Para saber más acerca de los Redentoristas visite Redemptorists.com.

Edición del 2017: Theresa Nienaber-Panuski and Pat Fosarelli, MD, DMin.

Diseño y producción: Wendy Barnes, John Krus, Lorena Mitre Jimenez, Bill Townsend. Ilustraciones: Jeff Albrecht.

Impreso en los Estados Unidos de América. Tercera edición.

LIBROS LIGUORI

Jornada de Fe

Jesús sirve a sus amigos

En la Última Cena, Jesús le levantó de la mesa, se quitó sus vestiduras y se ciñó una toalla a la cintura. Después lavó los pies de sus discípulos y los secó con la toalla. Jesús dijo, "Les he dado un ejemplo. Deben servir a los demás como yo les he servido a ustedes".

Adaptado de Juan 13:4–15

¿Cómo dijo Jesús "Te amo"?

Jesús quiere a los niños

La gente traía a sus bebés y niños para que Jesús los bendijera, pero sus discípulos trataban de mantenerlos apartados. Jesús se molestó y dijo, "Dejen que los niños venga a mí. No los detengan porque el reino de los cielos les pertenece a ellos". Entonces bendijo y abrazó a los niños.

Adaptado de Marcos 10:13–16

¿Cómo dijo Jesús "Te amo"?

Hay muchas otras historias en la Biblia acerca de cómo Jesús decía "Te amo" mientras estuvo en este mundo. Jesús tocó, alimentó, curó y ayudó a la gente. Busca en la Biblia las siguientes historias para qué veas qué amoroso maestro es Jesús. ¿Qué hizo en cada una de esas narraciones?

- Juan 9:6–7
- Lucas 19:1–10

Jesús sigue diciendo "Te amo"

Jesús prometió a sus discípulos que estaría siempre con ellos. Jesús está hoy con nosotros en los sacramentos. Un **sacramento** es un signo visible de algo que es real pero no puede verse. Cuando el sacerdote derrama agua sobre alguien durante el bautismo, eso es un signo de que Dios está *realmente* lavando el pecado de esa persona. Los siete sacramentos de la Iglesia son la forma en que Jesús nos toca, alimenta y sana ahora.

Todos los sacramentos comienzan con algo que Jesús hizo o dijo. Las palabras, cosas y símbolos no son mágicos ni engañosos. Mediante cada sacramento, Jesús viene *realmente* a nosotros y nos muestra su amor.

Escribe tres maneras en las que puedas expresar, de palabra u obra, el amor a la manera de Jesús.

1. ______________________________

____

2. ______________________________

____

3. ______________________________

____

BÚSCALAS Y ENCUÉNTRALAS

Las siguientes palabras están ocultas en alguna parte de esta sopa de letras.

ALIMENTAR
SANAR
AMOR
PRESENCIA
SACRAMENTO
SIGNO
TOCAR

V B T E A L I M E N T A R R M
F S X S C A V D O S S I G N O
Q D U A X B K C A R A H K L C
V M K N J G Z C Z D I B V L D
P R H A C R R Q E S C S A J T
B F N R O A R G V T N A P P X
X C C M M J A Q T Z E E E Q C
T M A E Q X C F U G S L S K N
Z X N O W J O C R V E M J F D
M T I L G Y T H Q F R C Z O J
O U P H V U V Y U T P Q R V P

Resumen

- La Iglesia tiene siete sacramentos oficiales.
- Jesús estableció los sacramentos en la tierra.
- Los sacramentos son signos físicos del amor de Dios.

***Jornada de Fe para Niños, Catecumenado, C2* (827020)**

Imprimi Potest: Stephen T. Rehrauer, CSsR, Provincial de la Provincia de Denver, Redentoristas.

Imprimatur: "Conforme al *CIC* 827, el 13 de julio de 2017, el reverendo Mark S. Rivituso, obispo auxiliar de la archidiócesis de St. Louis, concedió el permiso de publicación. El Imprimátur es un permiso para la publicación que indica que la obra no contiene contradicciones con las enseñanzas de la Iglesia Católica, sin embargo no implica la aprobación de las opiniones que se expresan en ella. Con este permiso no se asume ninguna responsabilidad".

Jornada de Fe © 2000, 2017 Liguori Publications, Liguori, MO 63057. Para hacer pedidos, visite Liguori.org o llame al 800-325-9521. Liguori Publications, corporación no lucrativa, es un apostolado de los Redentoristas. Para saber más acerca de los Redentoristas visite Redemptorists.com.

Edición del 2017: Theresa Nienaber-Panuski and Pat Fosarelli, MD, DMin.

Diseño y producción: Wendy Barnes, John Krus, Lorena Mitre Jimenez, Bill Townsend. Ilustraciones: Jeff Albrecht.

Impreso en los Estados Unidos de América. Tercera edición.

LIBROS LIGUORI

Jornada de Fe

¿Cómo te sientes al convertirte en católico? ¿nervioso, entusiasmado, asustado...? ¿Por qué?

Escrutinios (para los no bautizados)

Cuando escrutas algo, lo examinas con mucho cuidado. Durante los **escrutinios**, se te harán preguntas que te ayudarán a pensar muy cuidadosamente en cómo eres y en tu amistad con Dios. Examinarás las ocasiones en las que hiciste cosas malas y lastimaste a Dios. Entonces podrás pedir perdón por esas cosas y prometer que tratarás de ser mejor. También darás las gracias a Dios por todas las cosas buenas que te aproximan a él. Por último, el sacerdote rezará por que te veas libre de todo pecado.

Solo los que no hayan sido bautizados con anterioridad formarán parte de los escrutinios oficiales, ¡pero todos podemos escudriñar siempre nuestras vidas y buscar la forma de acercarnos más a Dios!

¿De qué forma pudieras acercarte más a Dios esta semana?

Presentación del Credo

El **Credo** es el resumen de las principales doctrinas católicas. El credo que pronunciamos en misa recibe en nombre de **Credo de Nicena o Credo Niceno**, y en uno de los domingos de Cuaresma recibirás una copia de él. Esta oración es muy importante para los católicos, ¡así que sería muy bueno que la memorices!

Presentación de la Oración del Señor

La Oración del Señor se conoce también como Padrenuestro. Nosotros decimos el Padrenuestro durante la misa (¡y en otras muchísimas ocasiones!). En uno de los domingos de Cuaresma tú recibirás una copia de la Oración del Señor. También deberás aprenderte de memoria esta oración.

El gran día

El **rito de iniciación** se celebra la noche anterior al Domingo de Pascua, en la celebración conocida como Vigilia Pascual. Es una noche muy especial. La iglesia está en total oscuridad cuando comienza la misa y, entonces, comienza a iluminarse lentamente. Es en esta misa que recibirás por primera vez los sacramentos. Entonces te convertirás en un **neófito** o nuevo católico. La Vigilia Pascual es una misa muy alegre porque ¡la Iglesia celebra la resurrección de Jesús y tu nueva vida como católico!

Es así como se desarrollará la Vigilia:

1. Se prende un fuego del que se encenderá la gran vela pascual. Al ser llevada por el pasillo central, los asistentes encenderán en su llama velas más pequeñas.
2. Se cantan himnos especiales. Resuenan las campanas para anunciar que Jesús ha resucitado.
3. Después del Evangelio que narra la resurrección de Jesús, el sacerdote pronuncia una homilía. Después pide, a quienes van a ser bautizados, que se acerquen.
4. El sacerdote bendice el agua del bautismo y entonces la derrama sobre la cabeza de cada catecúmeno.
5. Los que acaban de ser bautizados visten de blanco como muestra de que han sido creados de nuevo.
6. También reciben velas bautismales que se encienden con la vela pascual.
7. Entonces se pide a los candidatos que se unan a los recién bautizados.
8. Los catecúmenos y candidatos dirán en voz alta que creen en la Iglesia Católica.
9. Todos ellos reciben el sacramento de la Confirmación.
10. Después, los nuevos católicos encabezan la fila de quienes van a recibir la comunión ¡y participan en su primera eucaristía!

ENLAZAR

Enlaza las palabras de la izquierda con el significado que a cada una corresponda en la columna derecha.

A. Candidato	_____ Sacramentos recibidos en la Vigilia Pascual
B. Rito de Aceptación	_____ Un signo de pureza, de ser una "nueva creación"
C. Escrutar	_____ Ceremonia en la que una persona no bautizada es presentada en la iglesia.
D. Rito de bienvenida circunstancia	_____ Seguir adelante con un propósito en toda
E. Rito de elección	_____ Ceremonia en la que una persona es elegida para convertirse en católica
F. Comprometerse	_____ Un nuevo católico
G. Bautismo, Confirmación y Eucaristía	_____ Ceremonia en la que un bautizado no católico es presentado en la iglesia
H. Vestimenta blanca	_____ Examinar algo con gran cuidado
I. Neófito	_____ Una persona bautizada que desea ser católica

Resumen

- El RICA incluye múltiples ritos para los catecúmenos y candidatos.
- Algunos ritos son requisito indispensable, otros son opcionales.
- Cada rito aumenta la cercanía a Dios y la Iglesia.

***Jornada de Fe para Niños, Catecumenado, C1* (827020)**

Imprimi Potest: Stephen T. Rehrauer, CSsR, Provincial de la Provincia de Denver, Redentoristas.

Imprimatur: "Conforme al *CIC* 827, el 13 de julio de 2017, el reverendo Mark S. Rivituso, obispo auxiliar de la archidiócesis de St. Louis, concedió el permiso de publicación. El Imprimátur es un permiso para la publicación que indica que la obra no contiene contradicciones con las enseñanzas de la Iglesia Católica, sin embargo no implica la aprobación de las opiniones que se expresan en ella. Con este permiso no se asume ninguna responsabilidad".

Para hacer pedidos, visite Liguori.org o llame al 800-325-9521. Liguori Publications, corporación no lucrativa, es un apostolado de los Redentoristas. Para saber más acerca de los Redentoristas visite Redemptorists.com.

Edición del 2017: Theresa Nienaber-Panuski and Pat Fosarelli, MD, DMin.

Diseño y producción: Wendy Barnes, John Krus, Lorena Mitre Jimenez, Bill Townsend. Ilustraciones: Jeff Albrecht.

Impreso en los Estados Unidos de América. Tercera edición.

ISBN 978-0-7648-2702-0

90000>

9 780764 827020

LIBROS LIGUORI